抗战时期党内法规建设及其当代价值研究

崔言鹏 著

天津出版传媒集团
天津人民出版社

图书在版编目(CIP)数据

抗战时期党内法规建设及其当代价值研究 / 崔言鹏著. -- 天津 : 天津人民出版社, 2024.5

ISBN 978-7-201-20488-8

Ⅰ. ①抗… Ⅱ. ①崔… Ⅲ. ①中国共产党－党的纪律－研究 Ⅳ. ①D262.6

中国国家版本馆 CIP 数据核字(2024)第 107419 号

抗战时期党内法规建设及其当代价值研究

KANGZHAN SHIQI DANG NEI FAGUI JIANSHE JI QI DANGDAI JIAZHI YANJIU

出　　版　天津人民出版社
出 版 人　刘锦泉
地　　址　天津市和平区西康路35号康岳大厦
邮政编码　300051
邮购电话　(022)23332469
电子信箱　reader@tjrmcbs.com

策划编辑　郑　玥
责任编辑　佐　拉
装帧设计　汤　磊

印　　刷　天津新华印务有限公司
经　　销　新华书店
开　　本　710毫米×1000毫米　1/16
印　　张　14
插　　页　1
字　　数　220千字
版次印次　2024年5月第1版　2024年5月第1次印刷
定　　价　89.00元

前　言

党内法规制度建设并非一项新的工作，百年以来，党内法规建设一直与党的建设风雨同行。中国共产党高度重视党内法规制度建设，在革命、建设、改革和新时代四个历史时期积累了丰富的经验。特别是延安时期，是继苏维埃局部执政时期后党内法规制度建设的又一次高潮，对于当前党内法规制度建设具有重要借鉴意义。这一时期，中国共产党不仅提出了“党内法规”的概念，而且进行了大量党内法规制度建设实践，在党内法规制度建设史具有开创性意义。目前党内法规制度研究，多集中于改革开放以后，对新中国成立以前，特别是相对稳定的延安时期的研究相对匮乏。加强延安时期党内法规制度建设研究，是全面从严治党、依规治党的现实要求。

党的十八大以来，党内法规制度建设进入了新的发展阶段。2014 年 10 月党的十八届四中全会通过了《中共中央关于全面推进依法治国若干重大问题的决定》，围绕“坚持走中国特色社会主义法治道路，建设中国特色社会主义法治体系”主题，作出了“将党内法规体系纳入中国特色社会主义法治体系”的重大决策部署”2015 年 10 月党的十八届五中全会明确提出了“全面从严治党、依规治党”，指出了全面从严治党要走依规治党的路子。2017 年

10月党的十九大首次提出了“依法治国和依规治党有机统一”，修改后的党章也以根本大法形式确立了“依规治党”这一管党治党基本形式。依规治党，“规”指党内法规制度。加强延安时期党内法规制度建设研究，总结历史经验，有助于深化党内法规制度的认识，为依规治党提供法规依据。

研究抗战时期党内法规建设，除了现实的需要以外，也是探求党内法规自身建设客观规律的需要。如同党的建设存在一定的规律一样，作为党的建设重要组成部分的党内法规建设也呈现一定的规律性。从建党初期的党纲党章的制定，到苏维埃局部执政时期党内法规大量涌现，再到抗战时期为适应形势任务需要，党内法规建设呈现新的高潮，党内法规建设的数量越来越多，规范性也越来越高，党内法规的作用越来越明显。虽然新中国成立后，一段时间内党内法规建设受到严重影响，但是改革开放以后，随着邓小平加强党的制度建设的提出，党内法规建设越来越受到学界和理论界的关注。特别是党的十八大以来，随着全面从严治党和依规治党问题的深入研究，面对管党治党中的“宽松软”问题，以习近平同志为核心的党中央加快了党内法规建设的步伐，制定了党内法规建设的“立法法”，规范了党内法规的备案工作，印发党内法规建设意见，连续发布了党内法规建设的第一个和第二个五年规划纲要。特别是在《关于加强党内法规制度建设的意见》中提出了“第一个一百年”党内法规建设目标，即“形成比较完善的党内法规制度体系、高效的党内法规制度实施体系、有力的党内法规制度建设保障体系”。研究抗战时期中国共产党党内法规建设，具有重要的理论意义和现实意义。

从研究的理论意义上来看，有助于深化党内法规建设的历史研究。近年来，党内法规建设的研究主要集中于基本理论问题和改革开放以来党内法规建设问题，研究层次不断深入，研究成果不断涌现，但至今为止，全面介绍抗战时期党内法规建设的著作还没有。以一种回溯的方式探究历史，以史为鉴，是各学科必做的功课。“没有历史学与理论的结合，我们既不能理解过去,也不能理解现在。”[①]抗战时期,党内法规建设对党的建设起了重要作用。因此,对这一时期党内法规建设的研究,能进一步深化党内法规建设的历史。

从研究的实践意义上来看,抗战时期党内法规建设无论从理论上还是从实践上都取得了巨大的成就,积累了宝贵的经验,探究这一时期的历史,总结经验,对于当前党内法规建设具有重要的实践意义。一是有助于探索新时代党内法规建设的规律,做好新时代党内法规建设的工作,完善中国特色社会主义法治体系,推进全面从严治党和依规治党。二是有助于分析新时代党内法规建设存在的问题,完善党内法规建设,提高党的执政能力,巩固党的执政地位。

本书立足抗战时期这一特殊历史背景,深入分析了中国共产党在抗战时期党内法规建设的内容体系和建设实践,总结了党内法规建设的基本经验,探究了党内法规建设的基本规律。本书由绪论、正文五章和结束语三部分组成。

绪论主要在界定抗战时期中国共产党党内法规建设的基本概念前提下,阐述了抗战时期中国共产党党内法规建设的研究缘起和研究意义,梳理了这一问题的研究现状,介绍了本书所运用的研究方法,以及研究的难点和可能的创新之处。

第一章主要考察抗战时期中国共产党党内法规建设的背景。首先,从抗战时期中国共产党党内法规建设的思想基础,具体阐述马克思恩格斯的党的“法律”“法规”思想,列宁的党的“法律”“法规”思想。其次,分析了抗战前中国共产党党内法规建设的历史基础,包括围绕党的革命任务,制定和修改党章及相关法规;以党的组织路线为中心,制定党的组织法规;加强党的宣

① [英]彼得·伯克:《历史学与社会理论》,姚朋、周玉鹏等译,上海人民出版社,2010年,第22页。

传教育，制定党的宣传思想法规；扩大党员干部队伍，制定党员干部法规；强化党的纪律建设，制定党的纪律法规。再次，分析了中国传统组织的法规建设奠定传统基础。最后，探究了抗战时期中国共产党党内法规建设的现实基础，具体包括国内抗战形势任务的变化；党自身建设经验教训的总结和相对稳定的根据地环境。

第二章主要梳理抗战时期中国共产党党内法规建设的内容体系。首先，对党的章程进行分析，包括起临时党章作用的六届六中全会决议和七大党章。其次，对党的组织法规进行分析，包括规定党的组织路线、规定党的基本组织原则、规定建立并巩固党的组织体制、规定党的三大作风和规定正确开展党内斗争的原则。再次，对党的宣传教育法规进行分析，包括规定把思想建设放在党的建设的首位、规定加强党的宣传工作和规定完善党内教育工作。从次，对党员干部法规进行分析，包括规定大量提高党员干部数量、规定比较系统的干部队伍建设理论和规定巩固党，增强党性。最后，对党的纪律法规进行分析，包括规定党的纪律建设的内容、规定恢复党的纪律检查机关和严格执行党的纪律。

第三章主要考察抗战时期中国共产党党内法规建设的实践探索。首先，对抗战时期中国共产党各层级党内法规的制定实践进行分析，具体分析了中央委员及全国代表大会制定通过的党内法规，中央政治局制定审议的党内法规和中央各部制定发布的党内法规。其次，考察了抗战时期中国共产党党内法规的实施，包括进行理论阐释，开展学习教育和加强组织实施三部分。最后，从抗战时期中国共产党党内法规的执行情况及评估和抗战时期党内法规的修改或废止两方面分析了抗战时期中国共产党党内法规评估与清理。

第四章主要分析了抗战时期党内法规制度的伟大成就与鲜明特点。在伟大成就上，具体分为三个方面，提出党内法规理念和理论，开创党内法规制度建设新领域;初步形成党内法规制度体系,开创制度治党新阶段;以党内法规制度建设规范党的建设,推进党的建设伟大工程。在鲜明特点上,主要从制定上、内容上、执行上和效果上进行了详细分析,思想性、政治性和组织性要求较高,但缺乏严密性;在内容上形成了党内法规制度体系,但体系化不足;在执行上途径较多,但缺乏稳定性和持续性;在效果上,注重实效性、灵活性和应急性,但监督缺位。

第五章主要总结概括了抗战时期中国共产党党内法规建设的经验启示。第一节阐述了抗战时期中国共产党党内法规建设的历史经验:正确的政治路线是党内法规建设的基本前提,面向实践是党内法规建设的动力源泉,从实践中完善党内法规体系是提高党内法规质量的有效途径,加强宣传教育是提高党内法规执行力的重要保障。第二节主要阐述了抗战时期中国共产党党内法规建设的当代启示:从实际出发,及时地对党内法规立、释、改、废;以党章为根本,以民主集中制为核心,完善党内法规制度体系;加强党性修养和监督检查,提高党内法规执行力;完善体制机制建设,推进新时代党内法规建设科学化。

结束语主要是对当前党内法规建设的总体思考。今天加强党内法规建设,要正确处理党内法规建设与党的政治路线的关系,党内法规建设与党的建设的关系,从“四个全面”战略布局中定位党内法规建设。

目录
CONTENTS

绪 论

第一节 党内法规的相关概念

为了更好地研究抗战时期中国共产党党内法规建设问题。首先必须明确抗战时期指的是哪一阶段，党内法规的内涵和外延、什么是党内法规建设，以及抗战时期中国共产党党内法规建设等基本概念。这里，对这些基本概念作简要界定，以便为后面的深入研究提供前提。

一、关于"抗战时期"的界定

自 1874 年日本侵占台湾开始，以各种方式入侵中国长达 70 年之久。1927 年 6 月至 7 月，在东京，日本田中内阁召开"东方会议"，制定了《对华政策纲领》，标志着日本制定了决定攫取东北和武力侵华的大陆政策。1931 年，日本策划的九一八事变是这一侵略政策的具体体现和实际步骤，标志着中国人民局部抗战的开始。1937 年 7 月卢沟桥事变标志着日本扩大侵华战争，中国人民由局部抗战转向全面抗战。直到 1945 年 8 月日本宣布无条件投降。本书主要以全面抗战时期（1937 年 7 月—1945 年 8 月）为中心，个别章节因论证需要，有些问题无法错开，因此时间上有所上延和下延。

二、关于“党内法规”的界定

清晰明确的概念是认识事物的逻辑前提，也是把握事物发展规律的必由之路。自毛泽东在六届六中全会提出“党内法规”概念后，学术界和理论界在很长一段时间没有形成统一的认识，在历史上出现了几次争论，结果也只是各说一词的局面。但是“党内法规”的提法由来已久，约定俗成，已经被广泛接受了。特别是《中国共产党党内法规制定条例》发布后，学术界对于党内法规的定义已经达成共识。这里对学术界过去党内法规概念的理解做一梳理。从掌握的材料来看，归纳起来，主要包括以下五类：

第一，政策角度。从政策角度理解党内法规是与特定的历史环境相联系的。基本观点是：“党内法规”所称的对象包含在“党的政策”的概念之中，二者没有被区别使用。早在中央苏区局部执政时期，党与国家政权之间的不正常关系就存在，党的领导人在实际工作中也注意区分党的政策和国家法律的不同，但是由于局势动荡和斗争需要，党政不分的现象依然存在。一般由党向立法机构提出具体的法律草案，由于党所处的特殊地位，立法机关一般均予以通过。中华人民共和国成立前夕，中共中央发布了废除国民党统治时期的法律文件《六法全书》，对国民党的法律制度作出了彻底否定，要求以人民的新的法律为依据。而在人民的法律未发布之时，“以共产党政策以及人民政府与人民解放军已发布的各种纲领、法律、条例、决议作依据”①。刘少奇在党的八大上也曾指出，在革命战争时期和解放初期，以党和政府的政策为法律依据是合适的，也是适合需要的，但是革命成功之后，就需要建立完备

① 《中共中央文件选集》(18)，中共中央党校出版社，1989年，第150页。

的法制。在新中国成立之初,党的政策已经成为事实上的主要依据,“党的政策甚至未经正当立法程序就获得了法律效力”①。这一时期争论的焦点在党内政策是否具有法律效力。直到党的十一届三中全会以后,随着社会主义法制建设加强,党的政策的效力问题才得以解决。关于党的政策与党内法规的关系,有学者给予了详细阐释。主要观点就是,二者关系紧密,在阶级本质、指导思想和基本原则等方面基本一致,但在制定主体、内容、稳定性和实施手段上有一些区别,不能把二者等同。党的政策的制定主体是党的各级组织,而党内法规的制定主体必须是省级及以上的党组织。在内容上党内法规多是规则性的规定,比较具体,而政策一般只规定方向,原则性规定较多。从稳定上来说,党内法规的稳定性明显高于党的政策。从实施手段上,正确的政策一般都能得到有效的实施,而错误的政策大多得不到实施。同时党的宣传教育也起着非常重要的作用,而党内法规主要依靠党的纪律保证。

第二,制度角度。从制度角度理解党内法规主要从党的建设历程上和中共中央颁布的文件上来证明党内法规属于制度的合理性。最具代表性的是潘泽林,他认为,中国共产党之所以将党的规章制度称之为“党内法规”,主要用意是借用法律的基本特征,来实现“法治”和制度治党的目的。法律的“权威”“公平”和“公正”有助于增强党内法规的权威属性,获得执行的效力。而法律的“权利”和“义务”有助于规范党内法规的条款设置,明确党员的权利和义务。特别是邓小平提出党的制度建设以后,被人们普遍接受。并且从党的建设历程上论证了将党内规章制度称为“党内法规”或“党规党法”是党的领导人约定俗成的提法,已被普遍认可和接受。同时指出“党内法规”提法的“法定依据”是中央颁布的《中国共产党党内法规制定程序暂行条例》。《条例》指出了党内法规对于保证党的工作和生活制度化具有重要作用,并且提

① 丁以升:《中国五十年代法律思潮研究(下)——法文化视角的剖析与思考》,《法学》,1998年第12期。

出了党内法规的概念定义。党的十四大也确认了“党内法规”这一概念，之后十五大和十六大也规定了与十四大相同的党内法规的提法和表述。

第三，法律角度。从法律角度理解党内法规主要试图将党内法规与法律建立某种联系。有学者认为，“我国法律法规和党内法规有着密切的联系”①，中国共产党的特殊执政地位，决定了党内法规和国家法律的关系，要依据党内法规的成熟程度，通过合法的程序，适当地上升到国家法律的高度。也有学者认为，“党内法规是具有法律性质的”②，这种性质在相关的规范性法律文件中有着明确的定性。这只会增加对党内法规的规范性要求，提高法规的权威性和执行力，而不会损害法律权威。有学者针对党内法规是否具有法律属性指出：从马克思经典作家对法律（法）的理论阐释来看，党内法规不属于法律（法），但是党内法规具备法律（法）的某些特征，二者之间在治国理政中存在互补性。也有学者从国家法律和党内法规的区别入手，阐明了二者之间的联系，认为一是国家法律的用语一般要求准确、规范，而党内法规一般没有强制性要求，并且有许多党内法规没有使用条款形式；二是国家法律制定后必须公布于众，而党内法规适用于党组织与党员，并不需要对所有人公布；三是国家法律必须具有稳定性，党内法规则具有一定的灵活性。随着《中国共产党纪律处分条例》在2018年的修改，二者的区分也更加明确，党纪不能替代国法，反过来说，国法也不能替代党纪。

第四，广义法角度。从广义法角度理解党内法规主导了近十年来“党内法规”的概念，这种观点主要通过对“法”的概念扩展来解释党内法规的“法”的属性，但是也分以下几种：第一种是借用西方软法理论，依据是否依靠国家强制力保障实施，将“法”分为“软法”和“硬法”。目前法学界对于硬法的内涵比较确切，核心内容包括表现为国家的意志，由国家制定或认可，通过国

① 刘德敏：《中国共产党党内法规初探》，《中共天津市委党校学报》，2007年第1期。

② 刘长秋：《关于党内法规的几个重要理论问题》，《理论学刊》，2016年第5期。

家强制力保障实施。而对于软法的内涵则相对模糊,多是描述性的内涵,最主要的特征就是不依靠国家强制力保证实施的法律规范。中国共产党的党内法规由于不依靠国家强制力,不能直接作用于社会事务和国家事务,而只能作用于党内关系,因此属于“软法”范畴。但他属于规范国家治理行为的重要软法形式。另外,还认为将“法”分为国家法、社会法和国际法三类。党内法规属于社会法的范畴。第二种是对“法”和“法律”区分。这种观点认为,一个国家社会的制度规范体系,由多种性质的规则规范组成,这些规则规范都可以称为“法”,而国家制定的法律在整个规范体系中占有最重要地位。法律是“法”的一种,专门指国家立法机关制定的规范。在整个社会规范体系中,党内法规属于“各个政党、政治性组织制定的章程和其他规范”[①]。除此之外,还有一种是法律多元主义。根据法律多元主义,将中国特色法治体系分为四种法律规范体系:党的路线方针政策,规范对象为国家;国家法体系,规范对象为国家组织机构、社会组织和公民;党内法规体系,规范对象为执政党和党员;社会习惯法体系,规范对象为各种社会组织和个人。而党内法规属于规范执政党和党员的活动和行为的党内法体系。

第五,权力限制角度。从权力规限的角度理解“党内法规”的概念是最近一段时间某些学者提出的观点。虽然不具有普遍性,但给我们提供了一种理解角度。这种观点认为,中国共产党之所以加强党内法规建设,主要是借用国家法律对国家权力的规范和限制方式,将其运用于党内法规建设过程中,从而实现党内法规对党组织和党员管治的法治化。这也就意味着,通过党内法规建设规范党的各种活动,使其按照程序和一定的方式运行。通过党内法规规范党的权力,将权力关进制度的牢笼,要求党的各种活动不得随意进入国家权力领域和公民权力领域。虽然党内法规不能像国家法律那样进行自

① 王振民:《党内法规制度体系建设的基本理论问题》,《中国高校社会科学》,2013年第5期。

我授权,但却可以自我约束。“党内法规”和国家法律意义上的“法规”,在概念上具有一定的相似意义。通过剥离党内法规的自我授权, 而施加权力限制,从而更好地服从于当前的社会主义法治体系,促进社会主义法治建设。

从上述几种观点中,可以得出这样几点认识:第一,随着中国共产党的革命和建设实践, 对于党内法规概念的理解是一个循序渐进的过程,“党内法规”的概念具有明显的历史性和阶段性特征。第二,“党内法规”是多样性的统一,对于何谓“党内法规”,人们可以依据所处的不同历史时期,从不同角度做出不同的说明, 而每一种说明, 在其特定的历史阶段都有一定的根据,因而是合理的。第三,不管从什么角度理解“党内法规”,都应当说明,党内法规是在实践中逐步规范起来的,把“党内法规”置于当时的历史阶段。否则,不易让人理解,甚至产生误解。

本书所指的“党内法规”,从理解角度上来看,是属于党的制度的。党内法规建设是党的制度建设的重要组成部分。“党内法规”是指中国共产党一定层级的组织制定的,调整党内关系,规范党组织的工作、活动和党员行为的党内规章制度的总称。“党内”指的是中国共产党的内部。“法规”即有法纪的意义上的规章制度。

正确理解党内法规的含义必须从历史延续性的视角下考察党内法规的概念。中国共产党党内法规的概念是党领导革命、建设和改革的实践中逐步发展起来的, 每一代的党内法规建设, 都有自己的内在理念和规范构造,都带有强烈的时代烙印。1938 年党的六届六中全会上,毛泽东针对张国焘严重破坏党的纪律的行为,为使党内关系走向正轨,提出“还须制定一种较详细的党内法规,以统一各级领导机关的行动”[①]。此时毛泽东是从纪律角度提出党内法规概念的,作为党较为详细的重要纪律,目的是为了统一各级领导机

① 《毛泽东选集》(第二卷),人民出版社,1991 年,第 528 页。

关的行动,使党内关系正常化。党的其他领导人,例如张闻天、刘少奇等,也提出“党规党法”“党规”的概念,将党规党法与党纪并提。此时中国共产党仍然处于十分弱小的地位,没有铁的纪律,面对严峻革命任务,党的发展是难以想象的。

1945年党的七大上,刘少奇在关于修改党章的报告中指出,“党章,党的法规,不仅是要规定党的基本原则,而且要根据这些原则规定党的组织之实际行动的方法,规定党的组织形式与党的内部生活的规则”[①]。这里的“党的法规”概念,已经开始从制定党组织的活动和形式的角度理解,具有了党内法规的基本内涵。此时抗日战争即将胜利,需要依据党的任务和环境的变化规范党组织形式和活动方式。

改革开放以后,邓小平指出了加强党的制度建设的重要性,并在《党和国家领导制度的改革》中提出了具体的制度改革的路径。强调“国要有国法,党要有党规党法。党章是最根本的党规党法。没有党规党法,国法就很难保障”[②]。这是邓小平第一次阐述党规与国法的关系,之后多次提到“党规党法”“党的法规”。从“党的法律”角度理解党内法规是邓小平时期党内法规建设的主要特点,是依规管党治党的开始。1990年7月,中共中央发布了《中国共产党党内法规制定程序暂行条例》,党内法规的定义第一次得到明确。1992年10月,党的十四大修改的党章中,将“党内法规”的概念写入了党章。至此,“党内法规”作为一个正式的规范的提法一直沿用至今。

党的十八大以后,党中央提出将思想建党和制度治党相结合的基本方略,以推进全面从严治党和依规治党。党的十九大报告在五年来工作中进一步指出,深入推进党的建设制度改革,不断完善党内法规制度体系。从“党的建设制度”角度理解党内法规是党的十八大以来党内法规建设的重要特点。

① 《刘少奇选集》(上卷),人民出版社,1981年,第316页。

② 《邓小平文选》(第二卷),人民出版社,1994年,第147页。

正确理解党内法规的含义必须对党内法规的内涵和外延有清楚的认识。所谓内涵，是指概念所反映事物的本质属性的总和，也即概念的内容。党内法规的内涵应当包括以下内容：

第一，党的一定层级的组织制定。中国共产党党内法规的制定必须由一定层级的党组织在授权的范围内制定，并且要经过法定程序得到认可。

第二，调整党内关系。党内关系指的是党组织、党员之间的关系，可进一步细分为：不同党组织之间的关系，党组织与党员之间的关系，党员与党员之间的关系。党内关系主要形成于党的领导活动和自身建设活动。党内关系调整的目的是为了使党的建设科学化、规范化、程序化。

第三，党内法规是一种行为规范。党内法规规范的是党组织、党员的行为，而不是思想观念和内心活动。即使思想方面的党内法规也是思想建设，解决的是谁来建设，建设什么，怎么建设的问题。[①]

第四，表现形式为党内规章制度。党内法规针对的不是某一具体行为，而是普遍适用，抽象的多次的行为规范，也不是针对某个具体的党员和党组织的，而是所有的党员和党组织必须遵循的。

所谓外延，是指概念所确定的对象的范围。“党内规章制度总称”的界定，意味着党内法规不是简单意义上的七种文本名称的党内法规的叠加。应该包括两个部分：一部分是《条例》确定的七类名称的党内法规，一般以条款形式表述；另一部分是有制定权的党组织制定的规范性文件，一般采用决议、决定、意见和通知等名称，以段落形式表述。但随着党内法规建设的规范性逐步提高，以后会逐步减少。这正体现了党内法规是在实践中逐步规范起来的，适应了党内法规建设发展的实际。由于规范性不足，抗战时期的党内法规一般以规范性文件的形式出现。

---

① 宋功德：《党规之治》，法律出版社，2015 年，第 13~14 页。

三、关于"党内法规"几对概念关系的辨析

党内法规与"法"。关于法的理解,不同的学者拥有不同的解释。本书所指的"法"是从广义法角度理解,"构成一个社会制度规范体系的,有多种不同性质的规则规范,其中最重要的是国家制定的法律,然后是其他规范",这些都可以统称为"法"。党内法规作为中国共产党这一组织的党内规范,是隶属于"法"的范畴的。除此之外还包括以国家强制力为保证的法律,社会自治组织的乡规乡约等。

党内法规与"法律"。有学者依据是否具有国家强制力,对党内法规和法律进行区分,将党内法规归类于"软法"范畴,将"法律"归类于"硬法"范畴。也有学者强行将二者统一于"法"。这里认为是没有必要的,在理论上也不能自足。党内法规与法律最初的设置理念是不同的。根据西方的定义,法律不是用来限制人的自由,而是保障人的自由权利。而党内法规是以约束和规范组织活动和党员行为为设置初衷的。西方人认为,在法制社会中,自由才会实现。基于基督教的性恶论,他们认为人的天性是不完美的,是不可靠的。由于人与人之间的利益是相互冲突的,因此人们为了生存而制定契约。在此基础上形成了国家。为了控制人的贪婪和自私,遏制人的私欲,必须制定法律。在此基础上,孟德斯鸠提出了"三权分立"的思想。同时孟德斯鸠指出,自由就是做一切法律许可的事情的权利,一个公民能够去做法律不允许做的事情,那么别的公民也有权力这么做,那就谈不上自由。马克思主义者认为,法律是统治阶级意志的体现,是国家的统治工具。这里的"法律"指的是具有立法权的立法机关,依照法定程序制定、修改和颁布的由国家强制力保证实施的法律的总称。与法律相比,党内法规严于国家法律,这是共产党先进性和纯洁性的重要体现。国家法律是所有普通公民的行为底线。党员作为工人阶

级的先锋队,和中国人民与中华民族的先锋队。为了发挥先锋模范作用,必须对党员干部提出更高的要求。同时国家法律要高于党内法规。中国共产党必须以宪法和法律作为自己的行为准则,严格遵守党必须在宪法和法律范围内活动的规定。在党章中也对此作出了详细规定。在党内法规制定规划纲要中也指出了"宪法为上"的根本原则,要求党组织和党员必须遵循宪法精神和要求。

党内法规与"党的制度"。关于"党的制度",学界一般将其分为三个层次,[①]第一层次是根本原理和原则。主要规范党在运作时所处理的各种内部关系;第二层次是具体规定和要求,表现为各种规则、准则和程序等。主要规范党组织、党员干部的活动;第三层次是体制和机制。主要是对第一层次和第二层次进行选择、协调和调整的基础上形成的。其中的第二条与党内法规的概念非常相似。但是二者在制定主体、内在体系和概念的外延上是不同的,有学者对此作了详细区分。[②]也有学者认为,党内法规是党的制度中的高级规范,[③]在宏观层面上二者是一致的。总的来说,第一,"党的制度"大于"党内法规"。党的制度在外延上包含党内法规。第二,"党内法规"高于"党的制度"。"党内法规"在稳定性、成熟性和层次性是高于"党的制度"的,是它的更高级阶段。第三,"党的制度"先于"党内法规"。制度产生以后,党的特定组织将稳定的、成熟的、效力持久的党的制度经过法定程序上升为党内法规。党的基层组织是没有权限将党的制度上升为党内法规高度的。在实践中,二者在相当程度上是重合的。

党内法规与"党内法规制度"。党内法规、党内法规制度的内涵已经明

① 陈登才、张文正、卢先福:《党的领导和党的建设》,中共中央党校出版社,1997 年,第 223~224 页。

② 操申斌:《"党内法规"概念证成与辨析》,《当代世界与社会主义》,2008 年第 3 期。

③ 宋功德:《党规之治》,法律出版社,2015 年,第 15 页。

确。但是党内法规制度的内涵还存在争议。目前关于党内法规制度的解读最具代表性的主要包括两种：一是以武汉大学党内法规研究中心的研究人员为代表。他们认为，党内法规制度是党内法规和党内制度的总称，包含了围绕党内法规制定的党内配套制度。二是以北大软法研究中心的研究人员为代表。他们认为，党内法规与党内法规制度在高级层面上是一致的，因此党内法规也可以称为“党内法规制度”。还有一些学者认为，党内法规制度在内涵上包括党内法规、党内制度和规范性文件。应该说学者们的理解各有道理，毕竟相关部门在相关文件中使用此概念时存在混用的情况。但通过对中央文件的梳理，发现一个规律，中央在使用“党内法规制度”概念时一般是与“建设”连用的，或者是称为“党内法规制度体系”。通过对党内法规的内涵和外延的理解，党内法规在最终形式上表现为制度。中央提出“党内法规制度建设”有两层含义：一是把制度治党和依规治党相结合，既要加快党的制度体系建设，又要加快党内法规体系建设，同时把二者结合起来，因为党的某些制度是党内法规实施的具体措施或必要补充；二是将党内成熟的、稳定的、效力长的制度上升为党内法规，实现制度到党内法规的转变，增强制度的权威性。

党内法规与“党的纪律”。在党章中明确规定：“党的纪律是党的各级组织和全体党员必须遵守的行为规则。”首先，二者的属性不同。党的纪律的表现形式为行为规则，而党内法规的表现形式为制度。其次，党内法规包括大部分党的纪律，并且需要党的纪律作为手段来保证实施。有许多党内法规包括党的思想建设，组织建设，作风建设等方面的党内法规本身就是一种纪律，但也有许多党内法规不是党的纪律，例如规范党的执政方式和执政活动，党的组织框架，党员权利义务，党的机关运行等方面的党内法规不属于党的纪律。党内法规的实施方式是由党的纪律强制保证实施的。由党的纪律检查机关和各级党委作为监督检查的主体，通过加大惩戒力度和查处违反党内法规的行为来保证实施。最后,表现形式不同,广义上的党内法规,包括党章、准则、条例等七种专属名称,除此之外还包括决议、决定、意见、通知等。党的纪律包括政治纪律、组织纪律、廉洁纪律、群众纪律、工作纪律、生活纪律。

四、关于"党内法规建设"的界定

"建设",现代汉语词典中解释为"创立新事业;增加新设施"[①]。之后,被人们广泛用于人们实践活动的各个领域,并且带有一定的目的性、主观能动性的含义,例如组织建设、制度建设和思想建设。人类的实践活动是人类能动的改造世界的客观物质性活动。目的性、能动性和客观性是人类实践活动的显著特点。人总是在实践中按照一定的价值目标来认识世界、改造世界和创造世界。人的建设活动本质上也是人的实践活动。

因此,所谓"党内法规建设"是指中国共产党一定层级的组织,在领导执政和自身建设过程中,为实现人民的利益和党的任务目标,调整党内关系,而自觉开展的有计划、有目的、有步骤地制定党内规章制度的实践活动。

五、关于"抗战时期中国共产党党内法规建设"的界定

党内法规建设是一个动态发展的过程,概念定义必须兼顾概念的历史性。由于党内法规建设是在一定空间维度进行的,因此也要兼顾一定的空间范围。抗战时期中国共产党党内法规建设是指抗战时期中国共产党的中央组织为实现抗日战争胜利的目标,而自觉开展的有计划、有目的、有步骤地

---

① 中国社会科学院语言研究所词典编辑室编:《现代汉语词典》(第七版),商务印书馆,2016年,第637页。

制定规范党组织行为、活动和党员行为的党内规章制度的实践活动。党的历史使命不同,党组织的工作、活动和党员的行为选择也就不同,抗战时期党内法规的外延上与现在的党内法规的外延也有很大差别。

1.抗战时期党内法规的制定主体

抗战时期,中国共产党处于局部执政地位,除了以延安为中心的政权组织,还包括抗日民族根据地的政权组织。抗战时期,中国共产党的中央组织机构包括,“中共中央领导机构和工作机构、中央军委领导机构和工作机构,以及中共中央在延安创办的院校”①。由于形势和任务的需要,除中央常设的工作机构外,有些组织不断调整。同时除了党的中央组织外,还存在着大量派出机构和地方组织机构。本书所指的抗战时期党内法规的中央组织,主要指党的中央领导机构,包括第六届中央委员会及其下属的政治局、政治局常务委员会和书记处,第七届中央委员会及其下属的政治局和书记处。另外由于革命形势需要,部分中央工作机构包括组织部、宣传部(宣传教育部)等也参与制定了部分党内法规文件。鉴于党的军事法规的特殊性,本书不予以研究,因此中共中央革命军事委员会和中央军事委员会将排除在外。

2.抗战时期党内法规的名称

抗战时期党内法规一般使用纲领、章程、党章、决议、决定、指示、通知等名称。由于党内法规因党组织的决定而产生效力,反映的是党组织的意图,因而党内法规的制定主体只能是党组织。针对领导个人的批示、指示、文章和讲话能否作为党内法规,要具体问题具体分析。领导个人显然不是党内法规制定的主体。不可否认,领导个人意图与党组织意图存在相一致的情况。领导个人的批示、指示能否作为党内法规,要具体区分其究竟是组织意见还是个人看法。凡是经过组织授权发表、内容经过组织审定的意见,代表组织

① 中共中央组织部等编:《中国共产党组织史资料》(第3卷上),中共党史出版社,2000年,第24页。

的意图,则可视为党内法规;反之,则不能视为党内法规。领导人发表的讲话或者重要文章,凡是经过组织审定的,作为组织的意志表达,可以视为党内法规;领导人讲话或文章未经党组织审定的,属于个人意见,不能视为党内法规。

3.抗战时期党内法规的分类标准

当前学术界对于党内法规的分类虽然在细节上不尽相同,但归纳起来,主要包括以下四类[①]:第一类是按照效力位阶划分。有学者也称其为纵向维度。党内法规体系在效力位阶上具有层层递减的结构,可分为四级:第一级为党章,第二级为除党章以外的中央党内法规,第三级为中央纪律检查委员会和中央各部门制定的党内法规,第四级为省、自治区、直辖市党委制定的党内法规。也有学者按照党内法规的名称从纵向位阶上来划分, 也分为四类:第一级为党章,第二级为准则,第三级为条例,第四级为规则、规定、办法、细则。无论哪种分类方法,都看到了党内法规在效力上的差别,只不过参照物不一样罢了。前者的参照物是制定主体,后者的参照物是制定主体制定的对象。

第二类是按照调整领域来划分。有学者也称为横向维度。党内法规在规范领域上存在差异,规范的内容也不尽相同,这也就为其分类提供了标准。由于各时期党的建设的关注点不一样, 这也造就了党内法规在按调整领域划分时,划分的结果也不一样。归纳起来,主要包括以下几类:综合性的党内法规,思想方面的党内法规,组织人事方面的党内法规,作风方面的党内法规,反腐倡廉方面的党内法规,民主集中制方面的党内法规,军事方面的党内法规等。

第三类是按照规范内容来划分。此种分类方法主要参照实体——程序

① 石伟:《党内法规体系的三维结构》,《光明日报》,2017 年第 11 期。

分类方法，有学者称之为按照功能作用来划分。实体性党内法规直接规定权利义务关系，程序性党内法规是保障权利义务关系得以实现的方式、方法和程序。长期以来，实体法在国家立法中占主导地位，但在实际运行过程中人们发现，没有程序法的保障和制约，实体法很难达到调整的目的。这一分类主要包括四部分：统领整个党内法规体系的根本性规则，规定党的组织机构设置、职能的主体性规则，规定党员或党组织的行为性规则，规定责任追究、监督保障的保障性规则。

第四类是按照规范关系来划分。此种分类方法引入了党建学科体系的分类方法，即党的建设的研究的基本问题分为：执政党与国家政权的关系，执政党与人民群众的关系，执政党的自身内部关系，执政党与社会的关系。[①]将党内法规分为四类：党的组织法规，党的领导法规，党的自身建设法规，党的监督保障法规。其中党的领导法规包含了执政党与国家政权、人民群众和社会的关系方面的党内法规。此种分类方法充分体现关系的重要作用，比较适合长期执政条件下党内法规体系的建设。

本书考虑到抗战时期党内法规建设的特殊情况，采用按照调整领域来分类的方法。大体分为以下五类：党章及相关的法规，党的组织法规，党的宣传教育法规，党员干部法规，党的纪律法规。

原因有以下几点：一是在抗战时期，中国共产党逐渐从幼稚走向成熟，但对于党来说，仍然是新的事业，党的建设仍然处于开始阶段，适合按照领域来划分。二是抗战时期，当时的主要任务还是建立抗日民族统一战线，争取抗战胜利。这导致当时的党内法规，不规范、不严谨，不适合按照效力位阶和规范内容（即实体与程序）来分类。三是抗战时期，中国共产党刚刚取得合法性，虽然有苏区局部执政的经验，但在处理党与政权关系，党与社会的关

① 中共中央党校编：《执政党建设若干问题研究》，中共中央党校出版社，2004年，第6页。

系时,仍然无法站在执政党的高度来制定党内法规,这也就不适合按照规范关系来分类。

第二节 党内法规与中国共产党的发展

一、党内法规的研究方向

由于党内法规建设的研究是随着党的制度建设研究的深入才开始展开的,因此,目前学术界对于抗战时期中国共产党党内法规建设研究,论文和专著尚属空白。但是从不同领域研究抗战时期的党内法规建设,也有些成果,特别是近年来关于党内法规基本问题的研究逐渐展开和深入,为抗战时期中国共产党党内法规建设研究提供了研究基础和资料来源。这里就接触到近几年的党内法规研究现状,以及学术界有关抗战时期党内法规建设的主要成果作一综述。

20 世纪 90 年代《中国共产党党内法规制定程序暂行条例》发布后,党内法规的研究陆续展开。特别是党的十八大以来,2013 年《中国共产党党内法规制定条例》出台后,学术界开始将党内法规的研究作为关注的焦点。中国知网文献数据库检索结果显示,2012 年之前篇名含有“党内法规”的文章每年最多十几篇,2012 年增加到 30 篇,2013 年更是达到 80 篇。截至 2023 年 2 月,篇名含有“党内法规”的所有年份的文章总共有 1645 篇,其中 2012 年之后的文章就有 1557 篇,占到了所有文章总数的 94%。这表明当前关于党内法规的研究正在不断深化和拓展。这一时期主要涉及党内法规的概念、特征和制定,党内法规与法律的关系,以及党内法规建设的阶段划分、历史经验等。关于党内法规的基本概念这里不再赘言,可详见基本概念阐释。

第一，关于党内法规的基本特征问题，学界从不同的角度进行了阐释。归纳起来，主要包括以下几类：第一类认为，党内法规具有法律和政策的双重特征，党内法规作为事实上行为规范可以纳入“法”的范畴，同时党内法规反映新鲜经验且具有较高的前瞻性时可以纳入“政策”的特征；第二类认为，党内法规的基本属性为先进性和自治性，先进性要求党内法规应以道德人作为制度的逻辑起点和归宿，自治性则揭示了党作为社会组织的一般属性；第三类认为，党内法规是以调整党组织和党员行为为对象的，主体是由中国共产党创立的，规定的是党组织和党员的权利和义务，并且主要靠党内约束力来保证实施，是党意志的体现，这是它的显著基本特征。在此基础上，有学者进一步指出，党内法规是社会治理的基本规范之一，具有“内部规范涉外性、行为规范道德性、法律规范政治性和规范实施非司法性等”[①]；第四类认为，党内法规具有表现为组织性和纪律性的政治属性，表现为规范性和秩序性法的属性和表现为责任性和职责性义务本位属性。另外姜明安、宋功德等学者还认为，党内法规具有特殊的法律性质，并且具有规范性，属于社会法和软法的范畴。关于党内法规的基本特征由于学者的角度不同，所引证的材料各异，得出的观点也就不一样，这也说明了中国共产党党内法规是具体的历史的统一，在不同阶段带有不同的特征。

第二，党内法规的制定。随着《中国共产党党内法规制定条例》的出台，学界对于党内法规制定的研究已经比较成熟。主要表现在两个方面，一方面是对《条例》的解读，涉及对党内法规问题的探讨。有学者认为要重视中央委员会的作用。有学者从党内法规建设与党的制度建设关系出发，着重阐述了党的制度建设对于党内法规建设的促进路径。还有学者从制定的体制机制方面，阐述了党内法规的制定机构、沟通机制、统筹协调机制和严格审议通

① 陈光：《党内法规在社区治理中的作用研究》，《中共浙江省委党校学报》，2017 年第 3 期。

过机制。[①]另一方面是党内法规的清理研究。学界对于党内法规清理的研究比较晚。关于如何清理,学者们主张引入有效期制度,建立党内法规时效制度和定期清理制度。也有学者从依法改革的视角出发,系统研究了党内法规的备案审查制度,并讨论了具体的落实路径,主张党内法规清理必须建立在科学的审查基础上。

第三,党内法规与国家法律的关系。关于二者的关系,学界基本上既关注了二者之间的相互区别,又注意到了二者之间的相互联系,同时确立了处理二者关系时的基本遵循,并且强调关键在于建立二者的衔接协调机制。在相互区别上,基本概念的不同,国家法律体现的是国家意志,由国家制定依靠国家力量保证实施,党内法规体现的是党的统一意志,有特定的党组织制定,依靠党的纪律保证实施;在调整范围和规范数量上,国家法律大于党内法规;在规范要求上,党内法规严于国家法律;在产生顺序上,党内法规先于国家法律;在效力上,党内法规低于国家法律。[②]在相互联系上,主要表现为以下三点:党内法规建设促进国家法律建设,国家法律保障党内法规实施,二者统一于中国特色社会主义法治体系。在处理二者关系时的基本遵循为,坚持国家法律高于党内法规的同时,强调党内法规严于国家法律。同时要建立党内法规与国家法律的协调机制。关于协调路径仍然是一个探索性的问题,目前的主要观点包括,明确划分党内法规和国家法律二者之间的界限,建立健全党内法规与国家法律抵触处理机制。也有学者主张二者之间坚持"精神融通、制度衔接、规避冲突"[③],来达到相互协调的目的。另外,也有学者从党章与宪法的联系的角度出发,阐明了二者之间的关系,强调"党的活动必须立足于宪法框架内,宪法的制定修改必须体现党章蕴含的政治价值

① 张晓燕:《进一步完善党内法规制定体制机制》,《中国党政干部论坛》,2015年第2期。

② 宋功德:《党规之治》,法律出版社,2015年,第68~69页。

③ 张立伟:《法治视野下党内法规与国家法的协调》,《中共中央党校学报》,2011年第3期。

和理念”[①]。

第四,关于党内法规建设阶段的划分。学界缺乏对改革开放之前的党内法规建设阶段的划分，对改革开放以后的党内法规建设阶段也缺乏统一的认识,比较典型的是以下两种。第一种是将改革开放以来中国共产党党内法规建设划分为三个阶段:1978 年至 1987 年的恢复和发展阶段,1987 年至 1997 年稳步推进阶段,1997 年至今体系化发展阶段。第二种是将改革开放以来中国共产党党内法规建设分为四个阶段:1978 年至 1989 年，党内法规建设的恢复;1989 年至 2002 年围绕两个历史性课题开展党内法规配套建设;2002 年至 2012 年调适完善党内法规，加强党的执政能力建设;2012 年至今,党内法规建设的体系化发展。很明显,第一种划分方法是以改革开放以来党的代表大会为划分节点，第二种划分方法以围绕不同时期党的任务来划分,各有自己的依据。鉴于第一种观点发表于 2009 年,由于党的十八大以来中国共产党党内法规建设进程加快,取得了突破性进展,此种划分方法虽然粗略,也有一定的参考价值,但都未提及改革开放之前的党内法规建设阶段情况。

第五,关于党内法规建设的历史经验。经过史学研究,学者们总结出来了一系列党内法规建设的经验启示。有学者将改革开放以来党内法规制度建设的基本经验概括为四点：一是党内法规建设关系到党和国家的前途命运,二是党内法规建设必须服从和服务于党的政治路线,三是正确处理党内法规制度建设与其他方面建设的关系,四是遵循平等、公开和系统的指导原则。也有学者认为,必须坚持用中国化的马克思主义指导党内法规建设,同时将党内法规建设提升到新时期党的新的伟大工程的高度，坚持党章作为

① 姚岳绒:《论党章与宪法的关系》,《河北法学》,2012 年第 2 期。

根本大法在党内法规建设中的核心地位。[1]党的十八大以来，党内法规制度建设研究取得了重大进展，有学者总结了此期间的经验。例如，有学者总结以下五点：必须把党内法规建设融入国家法治建设总体进程中，必须围绕服务管党治党的现实需要，必须着眼提高体系化科学和水平，必须把党内法规制度的制定与实施统筹兼顾，必须对党内法规制度及时清理。[2]也有学者认为，坚持以习近平新时代中国特色社会主义思想指导党内法规建设；坚持党章的根本大法地位，以党章为遵循；坚持把政治建设摆在首位等。除此之外，也有学者从党内法规建设的目标方向、发展趋势、基本原则、推进路径和基本方法维度对党的十八大以来党内法规建设的基本经验进行了总结。

综上所述，当前国内学者较为系统的研究了党内法规建设的基本问题，取得了一定的成果，推动了新时期党内法规建设。但是鉴于党内法规的研究刚刚兴起，有些方面的研究仍然有待进一步深入和完善，例如如何从制度角度正确处理党内法规与国家法律的关系，如何开展党内法规的执行和实施效果的评估工作，以及如何更好地吸收革命、建设时期党内法规建设的成功经验等。

二、抗战时期党内法规建设的研究

关于抗战时期中国共产党党内法规建设的研究，从掌握的资料来看，目前学界还没有关注这一时期，这类研究还没有开始。但是一些学者的文章中间接的涉及了这个问题。这类研究主要涉及四个问题：抗战时期党内法规建设的历史背景，抗战时期党内法规建设的历程，抗战时期党内法规建设的内

---

① 周叶中：《关于中国共产党党内法规建设的思考》，《法学论坛》，2011 第 4 期。

② 韩强：《十八大以来党内法规制度建设的做法、成效与经验》，《中国井冈山干部学报》，2017 年第 5 期。

容,抗战时期党内法规建设的历史经验。

第一,抗战时期党内法规建设的历史背景。关于历史背景,学术界目前还没有直接的研究,理论成果较少。不过,有学者在研究延安时期党内法规建设时,总结了以下几点:中央苏区党内法规制度建设的延续,中国共产党在根据地建设过程中局部执政的需要,延安时期的艰苦环境要求。[①]虽然学者聚焦于延安时期,但由于延安时期与本书的抗战时期在时间跨度上有一定的重合,因此为研究抗战时期党内法规建设提供了借鉴。

第二,抗战时期党内法规建设的历程。虽然没有单独研究这一段的文章和书籍,但在一些专著也涉及了抗战时期的党内法规建设的历程。例如,王振民和施新州撰写的《中国共产党党内法规研究》一书中,在新中国成立前的党内法规一节中,对抗战时期党内法规制度的历史进行了梳理。李斌雄的《扎紧制度的笼子——中国共产党党内法规制度的重大发展研究》中从提出党内法规理念,制定完备党章,推进宣传教育工作制度,建立党的集中统一领导制度,健全党务委员会工作规则和党员党纪处分制度五个方面描述了党内法规建设的历程。同时他认为抗战时期是中国共产党进行党内法规建设的奠基时期,也是大发展时期。除此以外,殷啸虎在《中国共产党党内法规通论》中,也对民主革命时期党内法规建设的历程进行了阐述。李忠的《党内法规建设》把抗战时期的党内法规建设界定为萌芽阶段,也从建设历程的角度进行了梳理。

第三,抗战时期党内法规建设的内容。关于内容的研究也比较少。李军在《中国共产党党内法规研究》中对新民主主义革命时期的党内法规进行了梳理,将其分为党章和党章性的法规,党的组织法规,党的纪律法规。还分析了新民主主义革命时期党内法规的形式,包括党内法规的名称、日期、主体

① 张炜达、张腾:《延安时期党内法规制度建设及其历史经验》,《西北大学学报》,2017年第5期。

和文本的结构符号。概括了新民主主义革命时期党内法规的特征,具有很高的思想性、政治性、组织性和纪律性,以及很强的时效性、效率性和灵活性。除此之外,还具有保密性很严,但是规范性和稳定性不足的特点。有学者在研究延安时期党内法规制度时从党员的学习教育,党的组织建设,党对群众领导的工作方法和党员廉洁清正四个方面进行了阐述。另外还有学者对抗战时期党内法规建设的某一领域进行研究。例如,王炎的《党内思想政治教育制度建设的历史进程与经验研究》中,阐述了 1937 年到 1949 年党内思想政治教育法规体系的内容,包括:"党内思想政治教育主体性法规的制定,党的干部教育法规,党的七大党章中关于党内思想政治教育根本性法规以及党内思想政治教育专门性法规。"还有一些学者对中国共产党七大党章进行专门性研究。除此之外,在关于党风廉政法规建设的研究中,对保持党员干部廉洁清正的法规进行了梳理。

第四,抗战时期党内法规建设的历史经验。研究抗战时期党内法规建设,最重要的现实意义就在于剖析历史,总结经验。有学者概括延安时期党内法规建设的历史经验为:高度重视党的领导干部的带头守法作用,党内法规是无产阶级政党特有的行为准则,解决党内突出问题是党内法规建设的助力器,党内法规建设为党内政治生活正常化提供保障,要用党内法规确保落实。也有学者将抗战时期党内法规建设的历史经验概括为:"必须确保组织发展质与量的统一,重视提高党员干部的能力和素养,明确党组织部门的职责和关系,维护党集中统一和权威等。"①

① 何益忠:《全面抗战时期党内法规建设的历史经验与现实启示》,《理论学刊》,2017 年第 3 期。

三、抗战时期党内法规建设在党的建设中的地位

从整个百年党史看，抗战时期党内法规制度建设，处于党内法规制度建设的初始阶段。但是如果聚焦于抗战时期这段特殊历史，相比以前早期党内法规制度建设，又处于大发展、大繁荣时期。这也就决定了抗战时期党内法规制度建设在党的建设史上的特殊地位，是规范抗战时期党内关系的迫切需求，同时也保障了党的建设的伟大工程，而将党的制度建设提升到党内法规制度高度，也是总结党的建设规律的基本途径。

第一，规范党内关系的迫切需要。政党是近现代政治发展的产物。任何政党都离不开规章制度，其运行规则必须建立在规章制度基础之上。中国共产党在建立、运行过程中，需要这一套党内法规制度来规范和约束党组织和党员行为，正确处理党内关系。

党内法规是毛泽东最早提出来的，目的是为了使党内关系正常化，统一各级领导机关的行动。遵义会议以后，党中央形成了以毛泽东为核心的领导集体，解决了党的军事路线问题，但是并没有解决党的政治路线和组织路线问题。特别是在中央红军和红四方面军会师以后，张国焘对于中央的决议采取两面派态度，拒不执行中央要求他北上会合的命令，最终演变成了分裂党、分裂红军的罪恶活动。[①]在此之前，王明在1931年1月扩大的党的六届四中全会以后，更是凌驾于中共中央以上，操纵着中共中央的领导权，将“左”倾错误推到了最高峰，给中国共产党和中国革命带来了惨重损失。而在第二次国共合作期间，王明在实际工作中更是贯彻自己的错误主张，不经中央同意，擅自发表文章和公开演讲，以共产国际“钦差大臣”自居，凌驾于中

① 郭德宏主编:《中国共产党的历程》(第一卷)，河南人民出版社，2001年，第253页。

共中央之上。出现这些问题的根本原因就在于党内缺少一个良好的党内关系，缺乏严格的组织体系和法规纪律，导致纪律松弛。相应的制度缺失，“潜规则”盛行，最终出现了不执行中共中央指令，凌驾于中共中央之上的事情发生。

因此，在 1938 年 9 月中共中央在延安召开扩大的党的六届六中全会，毛泽东在会上，针对张国焘和王明的问题，提出了“党内法规”的概念，团结了同志的同时，对于解决党内不正常的关系起到了重要作用，党内关系得以正常化和法制化。正如习近平指出的，“要把党内存在的突出矛盾和问题解决好，要有效化解党面临的重大挑战和危险，很重要的一条就是要完善规范、健全制度，扎紧制度的笼子”[①]。通过建立党内法规制度，围绕党内关系中的薄弱环节，围绕权力和责任设计制度，推动党内关系正常化，确保党的各级领导机关的行动一致性。

党内法规制度规范党内关系的作用，主要体现在三个方面。一是指引作用。通过制定党内法规制度规范党组织的职责权限、党员的权利和义务，以及应承担的责任，进而达到规范党组织活动和党员行为的目的。例如，抗战时期，为贯彻民主集中制，1938 年党的六届六中全会上，毛泽东提出了“四个服从”的纪律，加强党的统一领导。会议还通过了三项党内法规文件，规定了党的中央组织和地方组织的任务、职责范围和纪律，形成了完整的党的组织体制。1942 年 9 月，中共中央制定了《关于统一抗日根据地党的领导及调整各组织间关系的决定》，又进一步确定了党组织之间，党组织和根据地政权之间的关系，加强了党的集中统一领导。二是评价作用。通过制定党内法规，确定职责和权限，为党组织和党员行为确定了评价标准。将党组织活动和党员行为，及时对照党内法规制度，形成判断党组织和党员的是非对错观念，进而影响党组织活动和党员行为。三是教育作用。党内法规制度在一定

① 习近平：《关于〈关于新形势下党内政治生活的若干准则〉和〈中国共产党党内监督条例〉的说明》，《人民日报》，2016 年 11 月 3 日。

成程度上体现了中国共产党的意志和主张，能够对党组织和党员起到教育作用,促进党组织和党员按照党内法规制度开展活动。对于正确的党组织行为和党员活动,进行肯定和激励;相反,对于错误的党组织行为和党员活动,进行否定和处理。

第二,推进党的建设伟大工程的根本保障。党的建设伟大工程是中国共产党取得新民主主义革命胜利的重要法宝。党的建设伟大工程是毛泽东在《〈共产党人〉发刊词》中提出的党的建设的著名论述,"建设一个'全国范围的、广大群众性的、思想上政治上组织上完全巩固的布尔什维克化的中国共产党'"[①]。党内法规制度是确保党在思想上、政治上和组织上完全巩固的重要制度保障,是中国共产党新民主主义革命事业成功的根本支撑点。

大革命时期,中国共产党没有逃脱列宁式职业革命家组织的影响,没有走到广大群众中去,仍然只是一个小团体。直到 1927 年以后,中国共产党才意识到这个问题的严重性。一个重要的原因是农民和小资产阶级占大多数,不解决这个问题,中国共产党就无法壮大。毛泽东提出了"思想上建党"的基本原理,强调给以"无产阶级的思想领导",同党内存在的各种非无产阶级思想进行斗争。1929 年红四军第九次代表大会通过了《古田会议决议》和 1931 年赣南会议通过了《党的建设问题决议案》,从党内法规制度建设角度解决了这个思想上的巩固。但是中国共产党接连发生了三次"左"倾错误,并且在组织问题上坚持"唯成分论"和关门主义。1935 年瓦窑堡会议上通过了《关于目前政治形势与党的任务的决议》,提出"建立最广泛的民族统一战线"的政治路线，同时提出 "为了完成中国共产党在伟大历史时期所担负的神圣任务,必须在组织上扩大与巩固党"。为了能够建立一个全国范围的、广大群众性的党,1938 年 3 月,中共中央又制定了《关于大量发展党员的决议》,党组

① 《毛泽东选集》(第二卷),人民出版社,1991 年,第 613 页。

织和党员队伍迅速发展壮大。在巩固党的过程中，党的建设得到了重大突破，毛泽东在《〈共产党人〉发刊词》中，提出了中国共产党的总目标和总任务，即“党的建设伟大工程”，并且提出党的建设要紧密围绕党的政治路线进行。中国共产党通过一系列党内法规制度，完成了“党的建设的伟大工程”，成为一个全国范围的、广大群众性的，在思想上、政治上和组织上巩固的布尔什维克。伟大工程的实施，为党在抗日战争中发挥中流砥柱作用提供了有力的政治保证。党内法规制度是党的建设伟大工程的重要依据，也是取得新民主主义革命胜利的有力保障。

党内法规制度的保障作用，是党内法规制度内在的政治基本属性的具体体现。党内法规制度作为中国共产党管党治党的制度形式，保持和发展着党的先进性和纯洁性，在强化党的政治建设、思想建设、组织建设和实现党的历史使命方面发挥着重要作用。

第三，总结党的建设规律的基本路径。善于回顾党的历史，得出经验教训，上升到党内法规制度高度，是中国共产党的建设成功的一条重要规律。抗战时期党内法规制度建设是对中国共产党自大革命失败以来的经验教训的总结，更是总结中国共产党建设基本规律的结果。

大革命失败后，从 1927 年至 1934 年近 8 年时间，中国共产党先后犯了以瞿秋白为代表的“左”倾盲动主义，以李立山为代表的“左”倾冒险主义和以王明为代表的“左”倾教条主义。虽然三次都是“左”倾错误，但是具体表现形式不一样，第一次主要是认为，中国革命遭受了巨大的挫折，有一种复仇心理，不顾当时的主客观条件，举行全国的武装暴动。第二次主要是认为，中国革命高潮即将到来，盲目乐观地估计当前的形式。第三次是打着共产国际的旗号，不管中国革命的实际情况，盲目地进攻和关门主义。特别是第三次“左”倾错误，对于中国革命的影响最大，直接导致了党组织和革命根据地几乎丧失殆尽，不得不进行战略转移，开始长征。遵义会议上，解决了中国共产党的组织问题和军事问题,确立了毛泽东的正确领导方针。但是此时的张国焘坚持右倾分裂主义路线,将中共中央的北上抗日路线污蔑为“右倾逃跑主义路线”,并且悍然发布了《关于成立第二个中央的组织决议》,企图达到分裂党的目的。此时,中共中央针对日本的一连串侵略华北的事件,召开了瓦窑堡会议,制定了建立抗日民族统一战线的政治路线,实现了政治路线的转变。但是王明针对党的新的政治路线再一次犯了右倾投降主义错误,强调“一切经过统一战线”,并且以共产国际的名义发号命令,给党内许多同志造成了困扰。以毛泽东同志为核心的中共中央再一次战胜了王明的右倾投降主义错误,坚持了正确的政治路线。正是在这一系列斗争的基础上,不断总结党的建设的经验教训,党内法规制度建设意识逐渐觉醒。

党的建设的一般规律,必须通过相应的党内法规制度予以明确规定,进而达到规范党组织和党员,约束党组织和党员的目的,确保党的任务得以完成。在此之前,中国共产党一直没有找到相应的路径来完成这一任务,给党的建设造成了巨大损失。中国共产党的建设的一般规律、特有规律和宝贵经验,以党内法规制度的形式,得以传承,抗战时期党内法规制度建设开启了党内法规制度建设的新征程,为中国共产党力量的壮大奠定了制度基础。

第一章
抗战时期党内法规建设的背景

抗战时期,中国的民族矛盾开始上升,阶级矛盾处于次要地位,中国共产党以马克思主义经典作家的“党的法律或法规”思想为指导,承袭中国传统组织的“法规”思想并加以改造利用。在大革命时期和土地革命时期党内规章建设的基础上,面对党内和国内的严峻形势,开创了党内法规建设的新局面。

第一节　马克思主义经典作家关于党内法规制度思想奠定理论基础

中国共产党作为马克思主义政党，其党内法规建设的思想必然来源于马克思主义经典作家的思想。并且由于中国共产党置身于中国传统的历史文化背景下,传统组织的“法规”思想对党内法规建设同样具有重要的塑造作用。

一、马克思、恩格斯的党的“法律”或“法规”思想

马克思、恩格斯没有直接提出“党内法规”的概念，但却揭露了法的本质，阐述了法律的含义，指出了法与法律的关系，并且将“法律”“法规”的概念引入党内，强调要加强党的“法律”或“法规”建设，为中国共产党党内法规建设提供了理论准备和实践基础。

（一）关于法的认识

马克思主义法学思想经历了从唯心主义法学到唯物主义法学的转变。康德认为，“那些外在法律即使没有外在立法，其强制性也可以为先验理性所承认的话，就称之为自然法”[①]。所谓先验理性即自然存在的，不是通过经验得来的。黑格尔认为“法的基地一般说来是精神的东西，它的确定的地位和出发点是意志。意志是自由的，所以自由就构成法的实体和规定性”[②]。只要是自由意志得到规定了的存在，就叫做法。所以一般说来，法就是作为理念的自由。马克思在康德的“自然法”的基础上加以改造，同时吸收黑格尔的法哲学思想，形成了“理性自然法思想”。马克思认为“事物的法的本质”即理性，指“精神关系的内在规律”[③]。“理性自然法”是一种精神的自然规律，是自由的，但不是主观的自由或任性，而是客观的自由。并且这种“理性”是国家理性，或者人民的理性，不是个人的理性。同时是辩证的发展的，理性自然法因内在矛盾向前发展，进而达到一个新的理性自然法。除了存在形而上学的“理性自然法”之外，马克思认为，还存在一个“实在法或实有的法”，它反映

① 北京大学法学教材编辑部编：《西方法律思想史参考资料》，北京大学出版社，1983年，第397页。

② ［德］黑格尔：《法哲学原理》，范扬等译，商务印书馆，1961年，第10页。

③ 《马克思恩格斯全集》（第1卷），人民出版社，1956年，第129页。

的是人的意志的表现,在反映理性自然法时有偶然性的表现。“理性自然法”是“实在法”的基础。并且将“实在法”分为“形式法”和“实体法”。“形式法”,即“应当叙述在连贯性和联系方面的纯粹形式、它的分类和范围”[①];“实体法”,即叙述体系的内容,形式凝结在内容之中。

在后期马克思历史唯物主义法学的范畴出现后,马克思认为,法是生产力与生产关系的体现,是具有物质性的。“法的关系正像国家的形式一样,既不能从他们本身来理解,也不能从所谓人类精神的一般发展来理解,相反,它们根源于物质的生活关系。”[②]马克思、恩格斯的“法”是具有物质性和抽象性的,是一种客观存在,乡规民约,党内法规、社团章程和法律等都是“法”的外在表现形式。

(二)关于法律

“理性自然法”的唯心主义法学思想的体系下,马克思认为,“法律是肯定的、明确的、普遍的规范,在这些规范中自由的存在具有普遍的、理论的、不取决于个别人任性的性质”[③]。法律的制定者不是在制造法律和发明法律,而仅仅是表述法律。同时法律规范具有以下特点:①在规范对象上,是人的行为,而不是人的思想方式。除行为外,不应将其他任何因素作为法律的对象。如果法律不以人的行为本身作为主要标准,是对非法行为的公开认可。②在规范方式上,通过权利义务的形式。他认为,法律不仅是禁止性规范,还应是授权性法规范。立法者应将人们如何行为的权利范围给予明确规定:权利范围之内可以行为,权利范围之外则附有不得侵害他人的权利的义务。③在规范特征上,法律规范具有强制性。马克思认为,违法行为的存在是需要

① 《马克思恩格斯全集》(第40卷),人民出版社,1982年,第10页。
② 《马克思恩格斯全集》(第13卷),人民出版社,1962年,第8页。
③ 《马克思恩格斯全集》(第1卷),人民出版社,1956年,第71页。

法庭和刑法的,为了保证这种强制力的实现,必须坚持国家司法而不能转给私人,依靠国家对违法犯罪进行处罚。④在规范性质上,具有普遍性。一是法律规范内的普遍性,即坚持的是人民理性或国家理性,而不是个人的主观理性。二是法律规范效力上的普遍性,即法律面前人人平等。

历史唯物主义法学思想下的"法律"。马克思在吸收费尔巴哈唯物主义理论方法的基础上,在《黑格尔法哲学批判》中阐述了市民社会决定国家和法律的结论。但此时马克思对于"市民社会"还未形成完整的认识,特别是以生产力和生产关系为核心的范畴还未形成,此时的唯物主义法哲学体系还未形成完整的理论体系。通过《关于费尔巴哈的提纲》和《德意志意识形态》对无政府主义法哲学思想的批判和自己的思想清算后,在这两部著作中构建了唯物主义法学的思想体系,阐述了唯物主义法学思想的基本原理。马克思和恩格斯通过围绕生产力与生产关系所表现的客观必然性,揭示了法律根源的物质性,法律本质的阶级性,法律发展的规律性,法律和国家政权的依存性等基本原理。马克思、恩格斯认为,法律是利益的体现,但把利益置于现实的经济关系中,特别是阶级利益,因阶级利益而产生的权利要求是阶级意志的表现,要使统治阶级意志成为法律,还需要把统治阶级意志以国家意志即法律的形式出现。并且这种意志不是个别人的主观性,而是对社会客观规律必然性的认识。国家权力是法律的基础,但这种权力不是独立与社会的实体,而是依赖于生产力与生产关系的组织。

(三)关于法与法律的关系

不管是在唯心主义法学思想体系下,还是在唯物主义法学思想体系下,马克思始终认为,"法律"是"法"的表现形式,"法"是法律的本质。法律是"事物法的本质的普遍和真正的表达者"。这就是说,法律是以法为基础的。同时

“把精神关系的‘法’的内在规律表现在有意识的现行法律之中”[①]。也就是说法的本质是体现在法律之中的,只有“法”以国家意志的形式表现出来才叫“法律”。“法律”是内容与形式的结合。

马克思、恩格斯的唯心主义法学思想和历史唯物主义的法学思想关系。二者之间并没有不可逾越的鸿沟,相反,二者之间有着必然的联系。例如马克思认为,法律反映客观规律的观点。早期唯心主义法学思想认为,反映的是理性辩证发展的客观规律,而历史唯物主义法学思想则认为,反映的是生产方式发展的客观规律的反映。再比如,法律和意志上,早期唯心主义法学思想认为,法律是人的意志的反映,但是人民的意志,反映的是理性的要求。而后期历史唯物主义法学思想认为,反映的统治阶级意志的体现,是社会生产方式所表现出来的社会必然性。不可否认的是,以“理性自然法”为核心的唯心主义法的思想,含有大量的科学性的认识,对社会历史进步起到了巨大的推动作用,是顺应当前社会历史发展的必然产物。可以说,马克思对法规、法律和二者关系的认识,为恩格斯将“法律”“法规”的概念引入共产党内起到了重要的引领作用。

(四)恩格斯将“法律”“法规”的概念引入党内

在《致费拉拉工人协会》的信中,恩格斯指出“这个共同章程和组织条例,是我们协会唯一的法律,他们可能会使你们的自治受到限制”[②]。在这里,他把章程和条例作为具有党内法规性质的“法律”来强调章程和组织条例的权威,指出这些法律是整个欧洲工人创立的,是在代表大会上被所有工人承认的,要求它们必须遵守“共同”法律。1879 年 11 月 14 日,恩格斯在一封信中指出,“一个党丧失了作出有约束力的决议的可能性, 它就只能在自己的

① 《马克思恩格斯全集》(第 1 卷),人民出版社,1956 年,第 183 页。

② 《马克思恩格斯全集》(第 18 卷),人民出版社,1964 年,第 70 页。

活的、经常变化的需要中去寻找自己的法规”[①],这里运用了“法规”的概念,将“有约束力的决议”称为法规。他认为,代表大会决议是党进行活动的法权基础,并且必须随着条件的改变而改变,而不能带上旧的决议的枷锁,不然只能是自掘坟墓。虽然在英语版本的文献中,法律和法规都使用“laws”,但可以肯定的是此时表述的“法律”“法规”的含义已经脱离了国家法律的范畴。这应该是党内法规思想的起源。

为什么恩格斯将法律与“非国家组织”联系在一起呢?根据马克思法学思想,法律一般是与国家联系在一起的,虽然马克思对法的本质的认识经历从“自由理性”到“生产力与生产关系”的转变,但法律体现国家的意志这一形式始终没有改变。在很大程度上马克思、恩格斯并未在法学的意义上使用“法律”的概念,而仅仅是借用了法律在国家范围内的约束力,或者借用法律的某种形式,将其运用于非国家领域。马克思、恩格斯的法学思想表明,将“法律”引入党内,只是在个别的情况下才联系在一起的,却开启了党的“法律”或党的“法规”的先例,为后来的“党内法规”的运用奠定了前提条件。

(五)关于党的“法律”或“法规”建设

马克思、恩格斯高度重视党的纲领和章程的建设。马克思、恩格斯在总结 19 世纪下半叶在民族国家范围内建立政党经验时就指出,要十分注重党的纲领的重要作用,把党的纲领作为政党成熟的重要标志。党的纲领一方面是让外界来了解党、认识党,另一方面是通过纲领团结党员队伍。同时指出,党的纲领要适应党的环境的变化,并及时作出调整。“一个新的党必须有一个明确的积极的纲领,这个纲领在细节上可以因环境的改变和党本身的发

---

① 《马克思恩格斯全集》(第 34 卷),人民出版社,1972 年,第 395 页。

展而改动。”[1]除此之外，还阐明了制定党的纲领必须坚持的基本原则，包括坚持科学社会主义理论，坚持把党的最终目的和当前斗争结合起来，坚持把科学社会主义理论与本国实际相结合等。

加强党章程条例建设。1847 年 12 月，马克思、恩格斯参与了《共产主义者同盟章程》的起草工作，拟定了共产主义者同盟的第一个章程。同盟章程中，规定了同盟的目的，盟员必须遵守的义务和权利，将一律平等的思想贯穿盟员之间，高度关注党员民主权利的实施状况，“摒弃章程中一切助长迷信权威的东西”[2]。规定了同盟的组织机构，包括支部、区部、总区部、中央委员会和代表大会。同盟的代表大会是最高权力机关，施行年会制，于每年 8 月定期召开。规定了组织机构的职责，运行规则等。规定了严格的纪律和代表大会的最高权威。另外还规定了同盟的经费和盟员的接收。恩格斯还强调，“任何一个团体成立的时候，都首先必须制定章程和组织条例”。并将章程和条例称为党的“法律”，要求党员必须接受。

二、列宁的党的“法律”或“法规”思想

列宁在领导俄国无产阶级创建无产阶级政党和建立苏维埃政权的过程中继承了马克思、恩格斯关于党的“法律”或“法规”思想，频繁地使用党的“法律”或“法规”的概念。在建立无产阶级政权以后，制定了一系列党的“法律”或“法规”，初步阐述了党的“法律”或“法规”与国家法律的关系。

（一）执政前频繁使用党的“法律”或“法规”概念

1904 年，列宁在批判以马尔托夫为代表的孟什维克派搞小组习气企图

① 《马克思恩格斯全集》（第 4 卷），人民出版社，1995 年，第 389 页。

② 《马克思恩格斯全集》（第 34 卷），人民出版社，1972 年，第 286 页。

分裂党的阴谋时指出，“难道你们没有在实际上破坏这个党的第二次代表大会的决议，……你们一面践踏党的机关和法律，同时却乐于利用‘党中央机关报’这块招牌”[①]。这里，列宁把党的第二次代表大会决议定性为党的法律，强调党的决议的权威性。1905 年 2 月 24 日《无休的托词》中，列宁批判普列汉诺夫的形式主义时指出，“真想发给普列汉诺夫一枚严格遵守党章和党的法规的奖章！”[②]列宁认为，应遵从“党的法规”即党章中关于召开党的代表大会的规定，只要有半数票主张召开党的代表大会，总委员会就必须履行职责，对拒不履行职责的总委员会，其他各委员会必须对受托者负党的责任。1917 年 8 月 16 日，列宁在《论加米涅夫在中央执行委员会上关于斯德哥尔摩代表会议的发言》中指出：“这个决定如果没有被代表大会或中央新的决定所取消，它就仍然是党的法律。”[③]这里，列宁把“党中央关于反对参加斯德哥尔摩代表会议的决定”称之为“党的法律”，要求党员必须遵守党的决定。

除此之外，在《新〈火星报〉组织问题上的机会主义》中，列宁把“精确的章程性的规定”称之为“习惯法”，并指出这个“习惯法”即党章要随着党的发展壮大而改变，绝对精确地制定这个法，否则就会存在争议。党的代表大会是“唯一的立法者”，只有党的代表大会才有权制定人人必须遵守的准则。

为什么列宁多次将“党的党章，决议和决定”称之为“党的法律或法规”呢？列宁在 1906 年 6 月 9 日《团结起来！》一文中指出，“他们主张……制定这样一种法律，这种法律不应当是通常的法律，而应当是‘宣言’。……这样的‘法律’也许最好不叫作法律，而叫作告人民书。但是，如果实质上意见一致的话，坚持字句上的分歧是不明智的。而在实质上意见确实是完全一致的”[④]。

① 《列宁全集》（第 8 卷），人民出版社，1986 年，第 110~111 页。

② 《列宁全集》（第 9 卷），人民出版社，1987 年，第 291 页。

③ 《列宁全集》（第 32 卷），人民出版社，1985 年，第 66 页。

④ 《列宁全集》（第 13 卷），人民出版社，1987 年，第 212 页。

这里我们可以看出，在列宁看来，如果人们对章程、决议和决定在实质上认识是一致，叫什么是无关紧要的。在斯大林时期，特别是早期，是将党的“法律”或“法规”同党的纪律联系在一起的。在苏共第十五次代表大会上斯大林指出，“如果对领袖们宣布一种党的法规，对党内的平民宣布另一种法规，那么我们就根本没有什么党，没有什么党的纪律了”[①]。这里说明，斯大林坚持党员和干部要遵守统一的法规，统一的纪律，否则党就不存在了。

（二）执政后制定一系列党的“法律”或“法规”

认真制定并修改党纲。1917 年 11 月 7 日，布尔什维克领导俄国无产阶级推翻了资产阶级临时政府，建立了苏维埃政权。列宁积极制定并修改党纲。早在没有执政前，恶劣的环境下，列宁就为制定党纲而努力。1903 年 8 月苏共的第一个党纲于俄国社会民主工党（苏共前称）第二次代表大会通过。为制定一个马克思主义政党的党纲，列宁在彼得堡监狱和西伯利亚流放时期都没有忘记工作，分别写了《社会民主党纲领草案和说明》《俄国社会民主主义者的任务》和《我们党的纲领草案》。但由于与普列汉诺夫存在意见分歧，列宁为此展开了艰辛的说服工作，终于在党的二次代表大会通过，为新型无产阶级政党的建立发挥了重要引导作用。俄国十月革命胜利后，执政党向苏共提出了制定新的党纲的任务。早在 1917 年 2 月列宁在《第五封〈远方来信〉》中就建议修改党纲。在 4 月 17 日发布的《四月提纲》中再次建议修改党纲和更改党的名称。在同月发表《论无产阶级在这次革命中的任务》中，建议立刻召开党代表大会，修改陈旧的最低纲领以适应革命形势的发展。1917 年 4 月俄国社会民主工党（布）召开第七次代表会议，列宁在《关于修改党纲问题的报告》中指出了修改党纲的一些基本原则，如建立无产阶级-农民共

① 《斯大林全集》（第 11 卷），人民出版社，1955 年，第 278 页。

和国，删除政治纲领中陈旧部分，最低纲领中指出更彻底的民主要求等，通过了《关于修改党纲的决议》，但由于任务烦琐，并没有完成修改任务。1917年7月，布尔什维克党的六大专门成立党纲小组，但由于俄国十月革命的爆发，再次被耽搁。1918年3月，布尔什维克党的七大召开，列宁专门准备了《党纲纲领草案》。列宁在七大上作了关于修改党纲和名称的报告，经过一年的努力，终于在1919年3月苏共八大上通过，之后40年直到1961年党纲才再次修改。①

制定党内检查监督的党的法规。针对党执政地位的变化，列宁十分重视检查监督，在执政初期，大胆地让人民群众监督。1920年开始设立党的监察机关，即中央监察委员会，最大限度地保持其独立性，提高其权威。1921年3月，苏共第十次代表大会通过了《关于监察委员会的决议》，对党的监察工作进行细化，设定了从中央到地方的监察机构，规定了监察委员会职能和运行机制。1922年3月，苏共第十一次代表大会通过了《监察委员会条例》和《中央检查委员会条例》，规定了监察工作的基本原则等，将监察和检查制度上升为党的法规高度。

加强维护党的团结统一的党内法规建设。受国内小资产阶级动摇特性和党内派别活动的影响，列宁意识到了党的团结统一问题的重要性。在苏共第十次代表大会上，列宁专门起草了《关于党的团结统一决议草案初稿》，最终通过了《关于团结统一的决议》，列宁在此决议中详细阐述了派别活动的危害，首先会削弱党的齐心协力的工作，同时让混进党内的敌人进行分裂党的工作，来达到反革命的目的。并对违反《党的团结统一决议》的任何政纲组成的集团毫无例外的解散，对于中央委员进行派别活动的，经中央全会三分之二通过可开除出党。

---

① 马文哲、刘艺文：《苏共三个党纲制（修）订过程的历史考察》，《学习月刊》，1987年第8期。

(三)初步阐述党的"法律"或"法规"与国家法律的关系

建立苏维埃政权以后,党的"法律"或"法规"开始与国家法律发生关系。作为执政的无产阶级政党如何处理党和国家政权的关系摆在了列宁面前,列宁深刻的意识到党和国家政权之间的不正常关系,为此,他指出,"无论如何也不能把党组织的职能和国家机关苏维埃的职能混淆起来,党努力领导苏维埃,但不能代替苏维埃"[①]。在 1921 年 3 月,苏共第十次代表大会《关于以实物税代替余粮收集制的报告》中指出,"我们不能立刻颁布一项法律。我们决议的缺点就在于它不完全是法律——在党的代表大会上是不能制定法律的"[②]。列宁清楚地认识到了党的"法律"或"法规"与国家法律在制定主体上的不同,党的代表大会不能代替苏维埃而进行立法工作,只能进行总的领导,即通过制定正确的路线、方针和政策为苏维埃指明方向。

从马克思主义经典作家的党的"法律"或"法规"思想中,我们可以得出以下结论:第一,他们在使用"法律"或"法规"概念时,并不否定"法律"是统治阶级利益和意志的体现,以及背后的物质性,是由国家制定并由强制力保障实施的。第二,他们在利用"法律"或"法规"概念时并没有完整的借用其全部内涵,只是借用其"效力""强制性""形式"或者"权威性",只是借用了其一部分内涵。第三,党的"法律"或"法规"的使用与苏联社会主义政权中的党政不分,以党代政没有必然的联系。因为列宁在苏共执政前就多次使用党的"法律"概念。除此之外,需要特别说的是马克思、恩格斯英文文献中,"法律"和"法规"均使用的是"laws",并没有将"法律"和"法规"区分。同样列宁和斯大林在俄语语境中也并未区分"法律"和"法规","法律"和"法规"均使用的

① 《苏联共产党代表大会、代表会议和中央全会决议汇编》(第一分册),人民出版社,1964 年,第 571 页。

② 《列宁全集》(第 41 卷),人民出版社,1986 年,第 64 页。

是 закон[①]，但不可否认的是马克思经典作家的党的"法律"或"法规"思想与国家法律的思想存在本质上的区别，一个是党的意志的体现，另一个是国家意志的体现。加上其他因素的影响，并不妨碍中国共产党的"党内法规"概念在特殊时期产生。马克思经典作家的党的"法律"或"法规"思想为抗战时期中国共产党党内法规建设提供了重要启蒙作用，是抗战时期中国共产党党内法规建设理论与实践的最重要来源。

第二节　抗战前中国共产党党内法规建设的历史尝试奠定历史基础

从 1921 年中国共产党成立到 1937 年抗日战争全面爆发，中国共产党党内法规从无到有，从大革命时期零星的几部党内法规，到土地革命时期党内法规建设初具规模，虽然没有在概念上明确提出"党内法规"，但是这两个时期的党内法规建设的尝试对抗战时期党内法规建设起到了重要的奠基作用。

一、围绕党的革命任务，制定和修改党章及相关法规

为反对帝国主义和封建主义的压迫，中国人民进行了英勇的斗争，从太平天国运动、戊戌变法到义和团运动，再到辛亥革命，虽然推翻了清王朝的统治，但由于农民阶级的局限性，资产阶级的软弱性和妥协性，中国半殖民地半封建社会的性质依然没有得到改变。经过新文化运动的启蒙，五四运动后期中国工人阶级登上历史舞台，马克思主义开始在先进知识分子中传播，

① 根据俄语语法，名词后由于句中的成分不同需要用不同的词格区分，用来表示单复数、定语等，所有词均是 закон 的不同词格，是区分法律和法规的。

中国共产党应运而生。此时摆在中国共产党面前的有两大使命,一是经济的使命,改造中国经济的组织状况,但不采用资本制度;二是政治的使命,改造政党改造政治改造中国,但不采用代议政治。为完成使命,中国共产党开始制定党的纲领和章程。依据党内法规的定义,从1921年到1937年,中国共产党制定的党章及相关法规包括《中国共产党第一个纲领》(1921)、《中国共产党章程》(1922)、《中国共产党第一次修正章程》(1923)、《中国共产党第二次修正章程》(1925)、《中国共产党第三次修正章程决案》(1927)、《中国共产党党章》(1928)。

早在中国共产党成立之前,1920年5月以陈独秀为代表的共产主义小组就起草了纲领十余条。11月,为了宣传共产主义,陈独秀主持制定了第一个《中国共产党宣言》,阐明了无产阶级革命和无产阶级专政的思想,起到了临时党纲的作用。1921年3月,各地共产主义组织纷纷发表《宣言》,制定临时《纲领》,确定了工作计划和工作规划,为中国共产党的成立做好了思想上、政治上和组织上的准备。

制定第一个纲领。1921年7月23日,中国共产党第一次代表大会召开,大会制定了中国共产党的第一个纲领,规定了党的名称、党的纲领、党的根本政治目的。同时制定了属于党章性质的规定,党员条件,新党员的入党手续以及建立党的组织和保持严格的纪律。第一次代表大会没有成立中央执行委员会,只设立中央局。党的第一个纲领虽然不是正式的党章,但在实际上起到了党章的作用。

制定第一个党章。1922年1月,共产国际召开了远东地区各国共产党和民族革命团体的第一次会议,通过参加此次大会,中国共产党了解了列宁民族和殖民地问题的理论,认清了帝国主义瓜分中国的阴谋。此时国内北洋军阀第一次直奉战争爆发,而孙中山领导的护法运动也完全失败。中国共产党开始懂得要把马克思列宁主义基本原理同中国革命结合起来,制定党的民主革命纲领。7月召开党的第二次代表大会召开,通过了《中国共产党章程》。这是中国共产党第一个党章。《章程》分6章29条,党员、组织、会议、纪律、经费以及附则,没有纲领。规定了党员条件,新增新党员必须经过一人介绍,并获得中央执行委员会同意规定。规定了党的组织的三级结构,会议制度、党的纪律和经费来源及使用等。阐释了民主集中原则,党的建党工作在政治上、理论上和组织上圆满完成。

三次修正章程。第一次世界大战后,共产国际为了建立反帝的统一战线,积极联合孙中山领导的国民党。共产党面对吴佩孚对京汉铁路工人的镇压,感到自己力量的弱小。而此时的国民党也面临着陈炯明的叛乱,需要新的同盟者。虽然党的二大确立了国共合作的原则,但没有解决合作的途径问题。经过一年半的酝酿,党的三大确立了国共合作的路径。1923年6月党的三大通过了《中国共产党第一次修正章程》,修正后的党章共6章30条,增加党员候补期和党员自请出党的规定等。为了总结国共合作一年以来的经验,中共于1925年1月召开了第四次全国代表大会,提出了无产阶级领导权问题和农民同盟军问题,但由于缺乏具体的政策,问题仍没有得到解决。在党的四大上通过了《中国共产党第二次修正章程》,共6章31条,与《中国共产党第一次修正章程》基本无异。1927年6月1日,中共中央政治局通过了《中国共产党第三次修正章程决议案》,此次修改在内容和结构上又有很大变化,共12章85条,这是历史上第一个不是党的代表大会通过的党章。此次修正中,明确提出了民主集中制原则,并且按照民主集中制原则建立了党的组织系统。规定成立中央及省监察委员会。规定了入党年龄。对党团的成立和职责进行了详细规定,党的组织建设更加完善。

特殊背景下制定的新党章。大革命失败后,为了保证安全,党的六大于1928年6月在莫斯科召开。大会重新制定了党章,即《中国共产党党章》,这是中国共产党成立后制定的第二部党章,该党章在继承以前党章的结构基础上进行了修正,党章分为15章共53条。第一章规定了党的名称。第二章规定了党员的入党、迁移、开除等。第三章规定了党的组织原则和组织系统。第四章至第十一章详细规定了党的组织包括支部、城乡区的组织、县或市的组织、省之组织、党的全国会议、党的全国大会、中央委员会和审查委员会的职责、运行等。第十二章规定了党的纪律。第十三、十四和十五章分别规定了党团、财政,以及与共青团的关系。此党章的规定较为详细,但带有浓烈的共产国际风格,甚至许多章节与共产国际草拟的《共产党模范章程》有较大雷同。刘少奇曾经在《论党》中指出,"党的第六次全国代表大会通过的党章,由于情况的特殊,许多部分不能适用,这就造成许多党员对于党章重视不够、实行不力的习惯"[①]。

二、以组织路线为中心,制定党的组织法规

在建党初期,党的组织是党生存和发展的一个最重要的问题。党的组织法规是对党章中有关组织规定的细化,党章对党的组织的规定多是一些宏观的、抽象的原则,只有加以细化,才能成为具有可操作性的规定。党的组织法规的内容主要包括规定党组织的建立原则、组织体制和工作规则等。从中国共产党成立到全面抗战爆发,党中央和组织部制定了一系列组织法规,对于党的组织建设起到了重要作用。党的组织法规包括:《关于共产党的组织章程决议案》(1922)、《中国共产党执行委员会组织法》(1923)、《党内组织及宣传教育问题决议案》(1924)、《中央通告二十一号——加强党务工作,对孙中山参加北方和会的态度》(1924)、《对组织问题之决议案》(1925)、《中央通告第五十三号——介绍新党员之变通办法,各团体中党团的组织与任务》

① 《刘少奇选集》(上卷),人民出版社,1981年,第318页。

（1925）、《组织问题的决议案》（1925）、《中央组织部通告第二号——加强支部工作与组织统计工作等》（1926）、《组织问题决议案》（1926）、《中央通告第五号（龚字号）——铁路工运归所在地方党部指挥》（1926）、《关于三省党务决议案》（1926）、《组织问题决议案》（1927）、《党的组织问题决议案》（1927）、《最近组织问题的重要任务议决案》（1927）、《中央通告第十七号——关于党的组织工作》（1927）、《中央通告第二十号——关于组织工作》（1927）、《中央通告第三十二号——关于组织工作》（1928）、《中央通告第四十七号——关于在白色恐怖下党组织的整顿、发展和秘密工作》（1928）、《苏维埃政权的组织问题决议案》（1928）、《关于组织问题草案之决议》（1928）、《中央通告第七号——关于党的组织》（1928）、《组织问题决议案》（1929）、《中央通告第四十四号——关于中国党内反对派问题》（1929）、《目前政治形势与党的组织任务》（1930）、《组织问题决议案》（1930）、《中央通知第二零四号——关于与党内右派小组织斗争问题》（1931）、《关于发展党的组织的决议案》（1931）、《全国组织报告的决议案》（1931）、《中央关于苏维埃区域党的组织决议案》（1931）、《苏区中央局关于巩固党的组织与领导的决议》（1933）、《中央组织局给苏区各级党部的指示信》（1933）。

建立“群众党”和实现“布尔什维克化”组织路线。党的二大通过的《关于共产党的组织章程决议案》指出，“党的一切运动都必须深入到广大的群众里面去”，组成一个大的“群众党”，指出了党的组织建设的根本路线。1925年中共执行委员会扩大会议通过的《组织问题决议案》指出“中共革命运动的将来命运，全看中国共产党会不会组织群众，引导群众”，进一步明确了党的组织建设路线。1926年中央执行委员会第三次扩大会议通过了《组织问题决议案》，第一次提出了党的组织“布尔什维克化”，要将过去小团体的党变为群众的党，从思想的团体变为行动的团体，从支部基础的工作到大的群众工作，党的组织建设进入了崭新的阶段。为了挽回联合战线和国民革命运动，

1926年12月党中央召开特别会议，通过了《关于三省党务决议案》，强调要发展党的组织和整顿党的组织，但对国民党的态度充满了妥协，陈独秀右倾投降主义的组织建设路线开始在党中央占据统治地位。随着北伐战争的胜利和工农运动的开展，党组织大大增加，1927年中国共产党第五次全国代表大会通过的《组织问题决议案》指出，党员已经有五万人之多，不仅在思想上成为布尔什维克的党，而且要在组织原则和实际上也是如此。

大革命失败后，八七会议通过了《党的组织问题议决案》，在组织建设上坚持最大限度的集权和党内真正的民权主义，改正党的组织建设上的机会主义，建立坚固的秘密机关，适应了新形势下革命斗争的需要。同时以瞿秋白为代表的"左"倾盲动主义开始取得统治地位。1927年11月，中央召开临时政治局扩大会议，通过了《最近组织问题的重要任务决议案》，决议将党的领导成分中知识分子占多数看成党的机会主义的组织根源，制定了将工农分子的新干部替换非无产阶级的知识分子的干部的组织任务，是"左"倾盲动主义在组织建设上的体现。党的六次代表大会通过了《苏维埃政权的组织问题决议案》和《关于组织问题草案之决议》，决议肯定了八七会议后对党的组织改造和改组的必要性，制定了建立产业支部、地方党部和发展工人群众组织的任务，但由于坚持"中心城市论"和"工人成分论"，未实现组织工作向农村转移，没有建立明确的、坚定的和正确的组织建设路线。为总结党的六大以来组织建设经验，1929年六月召开了党的六届二中全会，会议通过了《组织问题决议案》，决议强调党的组织从涣散的状态中挽救出来，指出要肃清党内不正确的组织观念，极端民主化倾向，取消主义、形式主义和党内和平观念，在组织建设上仍然坚持六大制定的组织路线。1929年红四军第九次代表大会制定了正确的党的组织建设路线，包括施行集中指导下的民主生活，正确的党员发展路线，确立了"支部建在连上"的原则，但是没有得到党中央的认可和推广。1930年7月，以李立三为代表的"左"倾冒险主义开始在中央占据统治地位，为贯彻其冒险主义计划，在上海召开了中国共产党全国组织会议，通过了《目前政治形势与党的组织任务》，决议指出当前党的总任务是武装暴动夺取政权，党的组织路线的目的就是要在组织上保证冒险计划的执行。从 1931 年 1 月六届四中全会开始到 1935 年遵义会议，王明的“左”倾教条主义开始统治全党，在组织路线上搞宗派主义干部政策，施行残酷斗争，无情打击的党内斗争方针，同时仍然坚持领导干部工人化，吸收工人入党。

建立党的组织体制。中共二大制定的第一个党章中规定了党的组织的三级结构，包括中央执行委员会、区执行委员会议和地方执行委员会。党的三大通过的《中国共产党执行委员会组织法》是党的历史上第一个关于中央组织结构、职责和工作制度的法规性文件。规定了中央执行委员会为两次大会之间的最高指导机关，施行多数取决制度。并且规定了中央执行委员会的机构、成员和会议日期等。为健全党的地方组织，1924 年通过的《党内组织及宣传教育问题决议案》指出，“地方委员会由三人组织，委员长兼宣传部，秘书兼组织部，组织部之下另有‘统计分配’及‘交通’的职务，第三人管理工农部”等。决议还在历史上第一次决定设立党校培养人才。为加强党的支部建设，1925 年党的四大通过的《对于组织问题之决议案》指出，在没有党组织的工业区和大都市建立地方党的组织，并且将“有五人以上可组织一小组”修改为“三人以上即可组织支部”。1925 年中共扩大执行委员会通过的《组织问题决议案》中指出，“在一切工人组织、农民协会及革命的知识阶级团体里，组织我们的支部和党团”。为了密切党的上下级组织之间的关系，《决议案》还指出，设置“中央特派巡行的指导员”，区及地方委员会一方面真正完全执行中央命令的同时，关于一切政治上及策略上的问题，都应请示中央的指示。并且为了指导地方党的工作，派人到所属各处监督。为加强党的支部建设，1926 年中央组织部发布《中央组织部通告二号》，规定“支部为党的基本组织”，其编制应当极其严密，分配指导训练的人才，包括书记、组织、宣传、会计和统计，在可能范围内都应有专人负责。每个支部都应有自己的工作计划，支部会议的会议议程应事先讨论，会议必须有一个政治或者其他重要报告。1926 年中央执行委员会第三次会议通过《组织问题决议案》进一步指出，支部是党在社会组织或区域里的核心，发挥核心作用，提出“一切工作归支部”的口号。此外还提出健全党的领导机关，密切中央与各支部各机关之间的联系，增设中央秘书处。规定了党团的性质和任务。党团的组织并不是一个独立的单位，而是依附于党的组织，在党的机关之下成立，受其管理，和党支部组织作用不同。党团的任务是代表党的意见，贯彻党的政策，为实现党的政策，加重党的影响于各种非党组织。1927 年中国共产党第五次代表大会通过《组织问题决议案》指出，尽力使党的基础建立在产业支部之上，吸引工人到党部指导机关，在党组织之间的关系上施行集体的指导。

大革命失败后，八七会议通过的《党的组织问题议决案》开始改组和改造党的组织体制，指出当前的主要任务是建立坚固的能奋斗的秘密机关。在各级党部中建立常务委员会作为党的指导机关，在上下级关系上，建立极密切的联系，在尽可能的学生、商人和妇女团体和国民党中建立党团。1927 年 11 月中央临时政治局扩大会议《最近组织问题的重要任务议决案》指出组织体制上存在“不集体化的毛病”，强调要打消各部的独立活动，“建立党的民主集权制”。为执行八七会议以来改造党的组织的任务，中央连续发布了《中央通告第十七号》《中央通告第二十号》和《中央通告第三十二号》，在组织体制上规定，从中央到区委，废止各部，集权于常委，各部设科为纯粹的技术机关，取消农委，设立妇女运动委员会等，各委员会相对于党的执行委员会和常务委员会只是收集整理材料和提供建议的机关等。除此之外在各省设立监察委员会按照党章行使职权。1928 年党的六次代表大会通过了党的组织建设的决议，决议认为必须建立产业支部，健全支部的组织和生活，同时加强和改善地方党部，继续建立党的秘密工作机关。但由于仍然坚持“城市中心论”，党在组织体制上仍然很薄弱。党的六届二中全会通过的《组织问题决议案》仍然坚持六大通过的组织建设任务，整顿党的组织，健全支部生活，同时在上下级关系上，强调要加强巡视工作。随着革命根据地的扩大和白区党组织的恢复和发展，党的组织体制得到恢复和发展，但此时李立三的“左”倾冒险主义政策，使白区党的组织体制得到重创，直到党的六届三中全会才得到纠正。1931 年 3 月 5 日和 5 月 1 日，在王明“左”倾教条主义统治下，中央通过了《关于发展党的组织决议案》和《全国组织报告的决议案》，决议认为当前发展组织的中心任务仍然是把工作重心转移到产业中去，建立新的产业支部。直到遵义会议，党的组织体制遭受重创，被迫转移。

确立党的民主集中制运行原则。建党初期，党的章程中虽然没有明确提出民主集中制概念，但仍然可从章程条文中看出民主集中制原则。一大《纲领》规定：党员一定要接受当地执行委员会最严格的监督；党员在没有得到党的特别允许，不能担任政府的委员或国会议员等。中共二大通过的《中国共产党加入第三国际决议案》第一次在代表大会文件上出现了民主集中制概念。这次大会通过的《中国共产党章程》规定全国代表大会及其中央执行委员会为本党最高机关，对于全国代表大会及中央委员会之决议，本党党员必须绝对服从；区或地方委员会及各组对于中央执行委员会的决议必须执行，不得擅自自定政策；对于全国重大政治问题，中央执行委员未发表意见时，区及地方委员会不得单独发表意见；下级机关不执行上级机关命令时，上级机关得取消或改组之；一切会议采取少数服从多数。总之，受国内斗争环境的影响，党在初创时期对集中和纪律有严格的规定，否则是不能在残酷的地下斗争环境中生存的。

土地革命时期，民主集中制的组织原则得到确立。党的五次代表大会后中央政治局会议通过的《中国共产党第三次修正章程决议案》中明确规定了

"党部的指导原则为民主集中制"，这是我们党第一次在党的章程之中确立民主集中制原则。决议案按照民主集中制原则建立党的各级组织系统，并且规定下级定期向上级报告，进一步明确了上下级之间的关系。除此之外，进一步明确规定了全国代表大会为党的最高权力机关，并对其任务做了详细规定。五大通过的《组织问题议决案》中规定了中央应该施行集体的领导。但是由于陈独秀的家长作风，压制了党内不同意见，右倾机会主义在党内取得统治地位，造成了大革命失败。八七会议上通过的《党的组织问题议决案》指出了党内家长制的危害，提出秘密状态下需要"最大限度的集权"，但不能取消"党内的民权主义"。并且指出，党内一切重要的问题要彻底的讨论，经过党员群众审查。1928 年 6 月党的六大通过的《政治决议案》明确指出，施行"真正的民主集中制"，通过的《中国共产党章程》中明确规定了民主集中制的三项根本原则：实行选举制度；各级党部对选举自己党员的定期报告制度；下级党部严守党纪，执行党部决议，并且决议在未形成之前可以争论。虽然党章规定的民主集中制原则是正确的，但是党章中也存在一些不适当的规定，如党的代表大会的召开需征得共产国际同意等。此时党内也存在极端民主化倾向和分散主义，针对这个问题，毛泽东在古田会议决议中指出，实行集中指导下的民主生活，领导机关要遇事拿出办法，下级机关对上级机关的指示，必须坚决执行。但党内重要的问题仍然是党内民主不充分，最终导致"左"倾错误一再发展。总之，受战争环境的影响，虽然民主集中制的原则在党内已经确立，但离真正执行还存在一定距离，在实践中更多的偏向集中。

三、加强宣传教育工作，制定党的宣传教育法规

马克思主义科学真理传入中国后，中国共产党作为其接受者和传播者，

宣传教育工作在建党初期具有重要的导向作用。从中国共产党成立之初到全面抗战爆发前，中国共产党非常重视党的宣传、教育工作，先后成立了教育宣传委员会、宣传报刊部和宣传部等中央宣传教育机构，制定了一批党的思想法规。党的宣传法规包括：《教育宣传问题议决案》（1923）、《对于宣传工作之议决案》（1925）、《宣传问题决议案》（1925）、《关于宣传部工作议决案》（1926）、《宣传工作目前的任务》（1928）、《中央通告第四号》（1928）、《中央关于党内宣传派别问题决议案》（1929）、《宣传工作决议案》（1929）。

初创党的宣传教育工作基本的组织机构、内容和方式方法。第一，宣传教育的组织机构。大革命时期，宣传教育工作对于引导中国革命具有重要作用，除了在党章中作了宣传教育工作的规定以外，中共中央还单独制定党的宣传法规，建立了党的组织机构。1923 年 10 月，中共中央和团中央成立教育宣传委员会，并于 15 号颁布了《宣传委员会组织法》，规定了教育宣传委员会的任务及人事安排。党的三大组建了中央教育委员会，在党中央明确建立了宣传教育机构。随后，1924 年 5 月中共中央举行第一次扩大执行委员会议，会议通过了《党内组织及教育宣传问题议决案》，指出规定成立中央及各区委宣传部，并且在中央成立编辑委员会。1926 年 7 月《关于宣传部工作议决案》发布，对中央和地方宣传部的职责进行详细的规定，党的宣传教育工作基本组织机构确立。

第二，宣传教育的内容。大革命时期，党中央通过制定党的宣传法规，规定了宣传教育工作的基本内容。1923 年 10 月通过的《教育宣传委员会组织法》规定党的宣传教育工作的内容包括：对外开展鼓动宣传；对内开展党内思想政治教育，提高党员干部的思想政治水平，对革命形势的判断能力，增强党的凝聚力。1923 年 11 月，中国共产党举行第三届第一次中央执行委员会会议，通过了《教育宣传问题议决案》。决议案从政治、劳动、农民和文化四个方面详细规定了党的宣传教育工作的内容。1925 年党的四大通过的《对于宣传工作之议决案》指出,宣传工作要"努力宣传民族革命运动与世界革命运动之关联和无产阶级在其中的真实力量及其特性——世界性与阶级性,以端正党的理论方向"①。

第三,宣传教育的方式方法。大革命时期党的宣传法规规定了党的宣传教育的方式方法,主要包括以下几种:一是党报党刊书籍的出版。党报党刊书籍的出版是党宣传教育工作的重要形式之一。中国共产党成立初期,《新青年》作为共产党主义小组的机关刊物,为宣传马克思主义作出了重要贡献。经过改版后,成为中国共产党的正式理论性机关刊物。各地党组织也纷纷成立了自己的机关刊物,包括北京的《政治生活》,广东的《人民周刊》等。之后又陆续创立了《向导》《前锋》《工人周报》《劳动周报》和《中国工人》等。1923年6月,党的第三届第一次执行委员会会议上决定成立党内不定期刊物《中国共产党党报》,用来讨论党内问题及党的议决案、报告的发表。在此会议上通过的《教育宣传问题议决案》要求党报党刊要通俗化,使用口语。之后,党的四大通过的《对于宣传工作之议决案》对党报党刊书籍出版制定了详细要求。例如《向导》作为本党政策的指导机关,关于政策的解释要详细,文字要浅显。《中国工人》要成为党在职工运动中解释理论政策描写工农状况的唯一机关。《党报》作为秘密组织的党教育党员的最重要机关,登载以党内的政策和各种运动非公开的讨论文件。1926年7月中共扩大执行委员会通过的《关于宣传问题议决案》对于出版物问题作了更为详细规定,特别是要整顿党报,使其能集合中央各部及各地党内生活和工作经验,以作教育党员的材料。

二是党内教育。一方面通过党内报告形式。党的三大后,开始在党内探索建立报告制度。1923年11月通过的《教育宣传问题议决案》在教育方法中

① 《中共中央文件选集》(第1册),中共中央党校出版社,1989年,第375页。

提出“各种材料及讲演员之分配当由各地方教育委员负责，每月报告中央教育委员会”。党的四大通过的《对于宣传工作之议决案》审核了过去的宣传工作，指出了党的宣传工作中存在的缺点，其中之一就是，党中教育做的极少，在小组会中很少有政治报告。1926 年 7 月中央扩大执行委员会通过的《关于宣传部工作议决案》详细规定了宣传工作的地方报告。另一方面通过党内支部会议教育形式。中国共产党第四次全国代表大会上通过了《对于宣传工作之议决案》。《决议案》规定，党的支部是党的基本教育机关，党的支部会议应加强政治报告和党的策略的解释，同时注重党内外宣传有困难的报告和讨论。1925 年 10 月通过的《宣传问题议决案》中指出，党的支部是使全体党员积极参加政治生活的根本工作之一，是实行党的责任的机关。

三是，党校教育。党校是党的宣传教育工作的重要阵地。1924 年 5 月《党内组织及教育问题议决案》最早提出设立党校问题。之后党的四大通过的《对于宣传工作之议决案》又一次提出要“设立党校有系统的教育党员”。1925 年 10 月《宣传问题议决案》中进一步指出，要开办两种形式的党校，各地委之下的普通党校和区委之下的高级党校，这样党校的学生才能真正地获得无产阶级思想。大革命时期各地党组织创办的党校相继成立，开启了中国共产党党内教育的运行，但受主客观条件的限制，党内教育宣传工作没有得到切实的贯彻落实。

形成相对完善的宣传教育管理体制和运行机制。大革命失败后，受共产国际的影响，党的路线整体偏“左”，党内出现各种非无产阶级思想，党的宣传法规的制定显得尤为重要。经过大革命的洗礼，土地革命时期党的宣传教育管理体制和运行机制比较健全。

第一，在组织结构上。八七会议以后，党中央为了克服“不集体化的毛病”，撤销各部，但分工不明的弊端开始出现，根据党的六大通过的新党章指示，1929 年 6 月党的六届二中全会通过的《宣传工作议决案》重新建立了党的组织机构，党的宣传教育管理体制开始健全。决议规定，各级党部必须有专门执行宣传工作的组织，从中央到省委再到地方党校都应健全宣传部，同时划清党报委员会和宣传部的职责。决议着重指出中央宣传部为全国的最高指导机关，不仅对中央，而且对全国的宣传工作负责，规定了中央宣传部的组织架构，下设 5 个科室和 2 个委员会。规定省委宣传部不仅是一个简单的技术工作机关，而且要指导全省范围的宣传工作，最少要有审查科、材料科和统计科。规定地方党部及区委也要效仿中央的分工，建立各科。规定支部成为宣传的基本组织，支部干事会也应有专门负责宣传的宣传干事。

第二，在内容上。受共产国际影响，1928 年通过的《宣传工作的目前任务》带有典型的盲动主义色彩，主张迎接革命高潮的到来。1929 年通过的《宣传工作议决案》仍然侧重鼓动主义，但是也规定了一些正确思想。决议案规定，党的宣传工作的基本任务是一方面使党员有正确的政治智识，另一方面通过宣传增加党全体党员和广大群众政治认识，从而赢得群众。同时决议案规定了党的宣传工作的八项具体任务，包括扩大党的政纲的宣传，扩大马克思主义的宣传，宣传共产主义，宣传革命斗争的经验教训等。除此之外，还规定了当前宣传工作的原则：联系群众实际，注意工农群众中的每个问题；抓重点，抓住中心问题，扩大党的政治宣传；讲究方式方法，利用一切公开的可能来扩大宣传。

第三，在运行机制上。相对于大革命时期，土地革命时期党的宣传教育工作更加健全，《宣传工作决议案》规定了建立短期培训班。1931 年 8 月 27 日通过的《中央关于干部问题的决议》进一步规定了设立干部流动训练班，临时小组讨论会以及公开的大规模的干部人才的培训班，实现了短期培训与正规党校教育相结合。“支部建在连上”使党的支部教育工作得到重视落实。并且党报党刊制度更加完整规范，党的理论机关报《布尔塞维克》内容更加充实，党的机关秘密报《红旗日报》出版发行。特别是 1928 年 8 月 11 日中共中央发布的《中央通告第六十二号》,针对当前的根本策略和宣传鼓动工作,详细规定了党报的出版发行机构、时间和内容。1931 年又出台《关于建立全国发行工作决议案》,形成了一整套的党报党刊制度。

四、扩大党员干部队伍,制定党员干部法规

党员是党的肌体的细胞，是组成党的最基本因素。干部是党组织的骨干,既是党的路线政策的制定者,又是党的路线政策的实施者。党员干部法规主要涉及党员的入党条件、权利、义务,以及干部的选拔教育培养。大革命时期和土地革命时期,党十分重视党员干部队伍建设,党的组织决议中基本都有涉及党员干部问题,并且还单独制定了党员干部法规包括《关于党员入政界的决议案》(1923)、《中央通告第七十三号——发展产业工人党员加强党的无产阶级基础》(1930)、《中央关于干部问题的决议》(1931)。

扩大党员队伍。关于党员的条件、权利及义务,中共早期历次党章中专门单列党员一节,做了详细规定。关于党员能否入政界,1921 年中央专门制定了《关于党员入政界的决议案》,对于已经进入政界的党员,党组织有监督指导的权利,并且党员在政界时必须接受组织审查。为了纠正发展党员上的错误倾向,中国共产党于 1924 年中旬召开了第一次扩大执行委员会通过了《党内组织及宣传教育问题议决案》，制定了在大产业的工人队伍里扩大党的根本任务,批评了过去闭关主义的倾向。党的第四次全国代表大会上通过的《对于组织问题之决议案》中进一步强调,组织问题是党的生存和发展的最重要问题,要求积极吸收工人阶级中的先进分子、小手工业者、知识分子,以及有政治觉悟的农民参加中国共产党，扩大党的数量。随着党的四大以后,广大人民群众参加革命的形势的发展,中央对发展党员的手续作出了新的规定,《中央通告第五十三号——介绍新党员之变通办法，各团体中党团

的组织与任务》将党的四大通过第二次修正章程中“党员入党时，须有正式入党半年以上之党员二人之介绍”的规定，修改为新党员入党时，介绍人中的二人中只须一人是正式党员即可，并且不仅仅限于入党半年以上的党员。

除此之外，针对在五卅运动特殊时期中积极活动并且诚实可靠的人，可以缩短候补期，直接改为正式党员。为适应革命形势高涨，1925 年中央扩大执行委员会通过的《组织问题决议案》在党员发展上进一步去除烦琐的形式，对于工人农民候补期改为一个月，知识分子改为三个月。为了加强组织与党员的联系，1926 年中央组织部第二号通告规定，征收月费。随着北伐战争的开始，中央执行委员会召开第三次扩大会议，会议通过了《农民运动决议案》。决议案针对农民入党和女党员问题作了要求，指出农民入党以“是否忠实而勇敢的为农民利益斗争为标准”，并特别指出要注意发展女党员。四一二政变后，党中央召开第五次全国代表大会。依据共产国际指示，在发展党员上，努力吸收工人、进步农民和革命的知识分子。

大革命失败后，八七会议通过的《党的组织问题议决案》在党员发展上建立审查委员会，审查所有党员，尽可能清除不可靠和可疑分子，同时吸收工农分子入党，促使党的指导机关和党员队伍工农化。在扩大党的队伍上，1927 年中央临时政治局扩大会议通过的《最近组织问题的重要任务议决案》重申“吸收新的工农兵士革命分子入党”的任务。为发展党员扩大党的队伍，中央接连发布第十七号，第二十号和第三十二号通告，规定了采取措施培养干部的工作。对于党员的发展，通告规定具体的党员发展任务分配到各地，之后党员中农民的比例达到了百分之七十以上。党的六次代表大会通过的决议，在发展党员上坚持工人成分，忽视知识分子，在一定程度上阻碍了党员队伍的发展壮大。党的六届二中全会通过的《组织问题决议案》仍然坚持发展工人党员，施行干部工人化。但对党员的发展上施行了严格的要求，指出，“要有坚强的阶级觉悟、政治认识，能在党的支部中工作，是斗争的积极分子，最好有社会职业或要有决心向社会中求工作出路的人”。党的六届三中全会通过了《组织问题决议案》纠正了李立三的“左”倾冒险主义政策，在发展党员上仍然坚持无产阶级成分，注重工人干部的培养。同时要肃清停留在党内的富农分子和官僚主义投机分子。王明“左”倾教条主义统治时期，在发展党员上利用纪念日号召征收党员，下指标。规定每月每人至少介绍一名工人入党，把吸收工人入党作为工作成绩的主要标准之一，提出了“每个穷人应该加入共产党”的口号。为此，苏区中央局发现问题后，于1933年5月29日通过了《关于纠正发展和巩固党的组织中错误倾向的决议》，纠正了“欢迎贫苦工农入党”和对知识分子入党的“左”的倾向。

遵义会议上，结束了王明的“左”倾教条主义路线，直到1937年全面抗战开始，在此期间中央没有出台专门的组织法规，但瓦窑堡会议、苏区党的代表会议和白区党的代表会制定了正确的组织路线。瓦窑堡会议通过的《中央关于目前形势与党的任务决议》以“能否为党所提出的主张而坚决斗争”为吸收党员的主要标准。而对于社会成分应当注意，但不是主要标准，纠正了过去“唯成分论”，克服了过去关门主义倾向。

选拔培养干部。大革命时期和土地革命战争时期，党并没有形成完整的干部路线，涉及干部选拔培养的党内法规也不多。早期主要通过国共合作中黄埔军校和农民运动讲习所培养干部，并且探索创立党校以及寻求外国资源培养干部，主要以知识分子为主。大革命失败后，中共中央于1927年11月9日召开政治局扩大会议，以瞿秋白为代表的“左”倾盲动主义占据了统治地位，会上通过了《最近组织问题的重要任务决议案》。决议案错误地认为，领导干部非工人而是小资产阶级知识分子的代表是党组织的重要弱点。中国共产党的领导权掌握在小资产阶级知识分子手中，将机会主义错误归结为知识分子根源，主张“领导干部工人化”，这种“左”倾盲动主义错误给干部选拔培养造成了恶劣影响。由于党的干部遭受巨大损失，急需大量干部，为此中央连续发布十七号、二十号和三十二号公告,指示各地采取有效措施加快培养新干部。1929 年党的六届二次会议通过的《组织问题决议案》专门单列“关于干部的工人化”,继续坚持八七会议后引进工人积极分子到党的指导机关的路线。1931 年 1 月 7 日,党的六届四中全会在上海召开,以王明为代表的“左”倾教条主义开始在党内取得统治地位。由于党的干部极具缺乏,并造成干部恐慌,1931 年 8 月 27 日中央发布了《中央关于干部问题的决议》,决议分析了造成干部恐慌的原因及当前干部政策上的错误表现,制定了培养干部的一系列方针政策,但受王明的宗派主义的干部政策影响,对党员干部残酷斗争,无情打击,党的干部问题依然没有得到解决。遵义会议结束了王明“左”倾教条主义统治,进行了反对张国焘分裂党的斗争。直到 1935 年 12 月瓦窑堡会议,中共中央通过了《关于目前形势与党的任务决议》,在干部问题上,强调党的干部的重要作用,对干部采取不轻易处罚,乱扣帽子,采取耐心说服教育政策,制定了一系列的正确的干部政策,党的干部路线开始步入正轨。

五、强化党的纪律建设,制定党的纪律法规

党的纪律是全体党员和党组织必须遵守的行为规范，任何党组织和党员不得凌驾于党的纪律之上。中国共产党自成立开始就注重党的纪律建设,从党的二大制定第一个党章开始,就在党的章程中专门设立纪律章节,并且制定了党的纪律建设的专项法规,包括:《政治纪律决议案》(1927)、《中央巡视条例》(1931)、《中央给红军党部及各级地方党部的训令》(1931)、《中央关于成立中央党务委员会及中央苏区省、县监察委员会的决议》(1933)。

初步规定党的纪律建设的内容。建党之初,党面临的环境决定着党的组织性、纪律性是党生存发展的重要条件。党的一大通过的《关于共产党的组

织章程决议案》就强调，一个革命党，如果缺少严密集权的有纪律的组织与训练，只能有革命的愿望而不能去做革命的运动。从党的二大到六大，每次制定及修改党的章程都专门设立党的纪律章节。一方面规定了党的组织应遵守的纪律。规定了党的最高机关，要求全体党员必须绝对服从党的最高机关的决议。规定上级机关的命令下级机关必须完全执行。否则，上级机关得取消或者改组。对于下级机关对上级机关命令有抗议时，可以向上级提出判决，但在未判决期间仍需执行上级命令。在有关全国重大政治问题时，中央执行委员会未发表意见时，各下级机关均不得单独发表意见，倘若与宣言章程及中央执行委员会的决议相抵触，中央执行委员会令其改组。另一方面规定党员遵守的纪律。规定党员不经特许，不允许加入其他党派。不经中央执行委员会同意不得为资产阶级的国家的政务官。在党的一切会议上均坚持少数服从多数的原则。党员离开所在地需经该地党部许可，并须向前往地的本地党部报到。同时列举了泄露本党秘密，欠缴党费三个月等开除党籍的六种情况。1927 年 11 月 14 日中央发布《政治纪律决议案》，是党的历史上首次利用“政治纪律”推行错误路线的先例，指责南昌起义前执行委员会执行“旧机会主义路线”，将毛泽东保存革命力量，创建井冈山革命根据地指责为“完全违背中央策略”等，对党的政治纪律建设起到了破坏作用。

建立党的监察体制。为执行党的纪律，大革命时期就建立了组织机构，成立了监察委员会，初步建立了党的监察体制。党的一大通过的第一个纲领中就规定，党组织的财务、活动和政策，要受到中央执行委员会的监督。党的第五次代表大会通过的《中国共产党第三次修正章程决案》中专设“监察委员会”一节，党内的监察体制正式确立。决案规定在中央及省建立监察委员会。

首先，在人员安排上，要求中央委员和省委员不得兼任同级别的相应的监察委员。其次，在权限上，要求监察委员在参加相应级别的党的委员会时，只有发言权,没有表决权。最后,要求监察委员会的决议,中央及省委员会不得取消。中央及省委员会同意监察委员会的决议后,才能生效执行。除此之外,五大通过的党章决议案规定,党的监察委员会有权对违反党的纪律的行为依合法手续审查,党的监察体制得到完善。为了监督党部的财政状况,党的六大党章规定成立党的审查委员会,要求从中央到省县市都要宣传审查委员会。土地革命时期,1931 年 5 月 1 日中央通过了《中央巡视条例》,并于 1932 年 3 月 12 日由中央组织局重新修正通过。条例规定了巡视员的条件,要求必须有党部工作经验,忠实刻苦,并且党龄必须三年以上。规定了巡视员的基本任务,对各地党部执行党的决议情况,各地党部的领导成分和领导方式等进行审查。规定巡视员的工作方法,要坚持团结的原则,检查和帮助地方党部的工作,严禁走马观花。除此之外,还规定了巡视员职权,教育和纪律,要求各省各地按照此条例建立自己的巡视制度。1933 年 9 月 17 日中共中央发布《关于成立中央党务委员会及中央苏区省县监察委员会的决议》,防止了违反党章党纪,不遵守党的决议的行为的发生。决议规定了中央党务委员会和省县监察委员会的职责及权限,以及担任委员的条件。同时规定中央党务委员会为全国代表大会开幕前关于组织和个人处分的最高机关。

制定执行纪律的方法。党的五大通过的《中国共产党第三次修正案》规定了对不执行上级机关的决议的处罚方式,对党组织的处罚有两种,第一种是警告,第二种是改组党的组织,或者举行总的重新登记,也即解散组织。对于党员的处罚则依据情况不同分为五种:第一种为警告,第二种为党内公开的警告,第三种为临时取消党的、国民党的及政府的工作,第四种为留党察看,最后一种最为严重,为开除党籍。在党的第六次全国代表大会通过的《中国共产党党章》中对执行纪律的方法进一步调整。对于团体组织分为三种,第一种为指责,第二种为指定临时委员会,第三种为解散组织和党员重新登记。对于党员个人的执行纪律的方式调整为五种,第一种为各种形式的指责,第二种为警告,第三种为公开的指责,第四种为临时取消其党的重要工作,最后一种为开除党籍或予以相当时间的查看。

除此之外，中国共产党还制定了许多对时局的判断和形势的把握以及工作的总结的党内法规。总之,从建党之初到全面抗战爆发,中国共产党面对恶劣的生存环境,早期党内法规的制定对于构建党的组织体系,推动党的发展起到了巨大作用。虽然在一定时期受错误路线的指导,党内法规建设中存在明显的缺点和错误,并且多是应对具体问题制定的,系统性、整体性明显不足,但考虑到外部环境的影响,仍然值得我们学习借鉴,特别是对后来抗战时期党内法规的大量建设具有重要的借鉴作用。

第三节　中国传统组织的法规建设奠定传统基础

与西方的个人主义价值观不同,中国传统是以群体主义为价值取向的,中国传统社会的理性精神,人之常情、条理、天理等常识理性占据统治地位,儒家伦理是普遍之理,既管家庭私人领域,又管国家公共领域,而作为社会领域在家国同构体制之下,是不存在的。直到1895年甲午中日战争战败之后,人们对儒家伦理开始产生质疑,掀起了学习西方制度的高潮,士绅阶层的公共空间才蓬勃发展,出现大量的政治、经济和文化社团。中国传统社会是由上、中、下三个层次的组织构成的:“上层是以王权为中心的政府,通常称为国家组织；中层以士绅在县以下政府的自治，实际上是政府职能的扩大;下层为宗法家族组织。”[①]表面上看,士绅在县以下的自治构成了公共社会空间,但士绅阶层并未形成公共意见,只是具有辅助功能,是上层组织和宗族的纽带和桥梁。而每一个阶层都以儒家伦理“忠孝节义”为核心,拥有自

① 金观涛、刘青峰:《观念史研究:中国现代重要政治术语的形成》,北京法律出版社,2010年,第187页。

己的一套规范、规则和法规。

一、礼治宗法

在先秦之前，国家治理的主要的法规制度是礼治和宗法。“礼”源于部落中的祭祀活动，“礼是社会公认的合适的行为规范”①，是以维护封建宗法等级制度为核心而构筑行为规范以及相应的典章制度和礼节仪式。“礼治”是依据行为规范和礼仪典章制度而治理国家的方式。它不需要国家权力强制推行而是依靠传统的习惯和习俗来保障执行。宗法是一种以血缘和亲族关系为纽带的家族管理制度，主要依靠家长、族长等权威力量来推行。宗法起源于原始社会的氏族习惯。宗法制的特点在于将“君统”“宗统”合为一体，以嫡长子继承制为核心，依据王室血统来确定等级贵贱。由原始社会进入封建社会后，政权本身的合法性需要依靠宗法来维持，而国内社会关系则需要礼治手段来调整。夏商周三代已经开始出现“刑”，但并不占据社会统治的主导地位。人们认为，刑的合法性来自上天和神的意志，是一种比较低级的统治手段。并且在古人眼里，“刑”远不如礼治和宗法更能起到加强和巩固政权的效果，甚至往往引起政权崩溃，社会分崩离析的不良后果。②宗法在整个封建社会一直存在，但在先秦时期宗法制与分封制相结合，是一种典型的社会制度。而到了后期，宗法制原则虽然存在，但逐渐平民化，渐渐具有了一定的民众性。特别是宋朝以后，宗法的制定都模仿国家制定的法，进入规范化时期，所涉列范围也逐渐增多，包括祭祀、婚姻、财产、赈济和教育等，效力也越来越大，宗法进入民间化的第二个时代。根据《周礼》规定，普通百姓是不允许建“宗庙”的。明代嘉靖年间颁布了允许民间立庙的诏书，建立宗祠才获得了

① 费孝通：《乡土中国》，生活·读书·新知三联书店，1985 年，第 5 页。

② 梁剑兵、张新华：《软法的一般原理》，法律出版社，2012 年，第 143~144 页。

合法性。之后，民间开始普遍设立宗族祠堂。以建立宗族祠堂为标志，宗法制走入民间。宗法制在维护基层社会的稳定方面起到了重要作用。

春秋战国时期“礼治”出现败落，而后儒家将“礼治”改良后，建立了以“忠、孝、节、义”为核心的伦理道德体系，直到秦朝灭亡后的汉朝时期，以儒家思想为核心的“礼治”再次复兴，适应了封建社会建立中央集权政权的需要，成为社会稳定和发展的基础。同时成文法律在战国时期也已经产生，但是这些法律一方面是行政管理的工作或野蛮的实用政治需要，更重要的是这些法律是建立在社会所依赖的宗教信仰和礼仪制度之上的。也就是说成文法律也是以儒家伦理为基础设立的，儒家的伦理是成文法的本质和核心。这套体系，持续了上千年，直到清朝灭亡共和的到来才衰落。但是传统中国的儒家精神依然存在，长期社会历史形成并积淀的传统社会因子，在现代社会依然存在，形成了现代社会发展的“底色”或“根基”。

为什么坚持礼治？儒家思想的继承人荀子认为，“法者，治之断也，君子者，治之原也”。也就是说，法制是实现大治的起点和开端，君子才是推行法制的本原。即使有了好的法律制度，也需要人来贯彻执行。因此，只要有君子在，法制即使简略，也能用到一切方面，没有君子的话，即使再具体，也无法适应事物的发展变化，只会酿成祸害。因此荀子最后强调，“故有良法而乱者，有之矣；有君子而乱者，自古及今未尝闻也”。儒家思想重视“礼治”是从在国家治理方面“法”和“人”谁起重要作用的角度来考虑的，并不是否定法制和法律的作用。法制也是依靠人依法制而治理，人在其中也具有不可忽视的作用。由于人类文明初期，刑罚极为严酷，儒家主张“道德为主，法次之”，重视“礼治”在国家治理中的重要作用，无疑具有重要的历史进步意义。[1]但是传统的儒家思想中过分重视“礼治”，忽视法的本质和特征，以及形式的要

① 李龙主编：《良法论》，武汉大学出版社，2005年，第51页。

求,将“礼治”变成一种失去法律支持的空洞的说教,从现在看来,具有传统进步意义的基础上,同时具有封建思想的历史局限性。

二、乡规民约

传统中国是以农立国,以神权强化王权,以族权巩固政权,以邑里村社为基层组织的典型的农耕文明社会。乡规民约指的是在乡村地域的一定范围之内,由民众按照自我管理、自我服务、自我约束原则制定出的并由此区域内的民众普遍遵守的行为规范。它虽然没有法律约束力,但对于维护基层社会利益,促进社会和谐稳定,抵御不正之风和不良习气方面有着重要的作用。乡规民约起源于以地缘关系为纽带的异性杂居村落形成之后,由于没有血缘关系的纽带,需要一种超越家族规范的社会公共规范,用以弥补以血缘关系为基础的家法族规之不足。虽然它与家法族规有一定联系,但却有严格的区别而独立存在。[①]乡规民约相对较为简单,没有定期的集会,也没有固定的活动场所和烦琐仪式,只是由人民共同制定出来依照执行便是,并且一般在有重大事件或者违犯乡规民约时才会聚在一起,共同商讨应对办法。

乡规民约有着悠久的历史。有学者认为,乡规民约最早可以追溯到周朝的“周礼”。到了西汉时期,传统乡规民约开始初步创立。南宋时期的范晔编撰的《后汉书》中就记录了西汉时期的乡规民约,不仅规定了公共设施的修缮和维护,还规定了兴办教育事项。历史上最早的成文乡规民约是北宋蓝天吕氏,吕大钧兄弟于1076年制定的《吕氏乡约》。该乡规民约不仅制定了文本形式,同时规定了乡规民约的组织形式,是“乡规民约”正式诞生的标志。规定了处理乡邻之间关系的基本准则:德业相劝、过失相规、礼俗相交、患难

① 刘军平:《中国传统调解文化解读》,湘潭大学出版社,2016年,第52~53页。

相恤，具有道德性、自治性和规范性特征。其他条款是在坚持四项基本准则的基础上进行了具化。南宋理学家朱熹曾经大力推崇《吕氏乡约》，但在南宋时期并未形成主流。明朝时期，朱元璋十分重视社会教化的作用，极力推崇乡规民约的制定。为此，颁布了《圣谕六条》。在统治者的提倡下，各地以《圣谕六条》精神为指导，制定了大量的乡规民约，乡规民约体系趋于成熟，盛极一时。此时的乡规民约日趋规范化，不仅规定了依据乡规民约教化的时间、地点、人员和仪式，还规定了乡规民约与其他基层制度例如保甲、社仓等制度的联系。明朝最有名的乡规民约是明朝后期王守仁制定的《南赣乡约》，在南方个别地区得到了较大的传播和长时间推广。清朝时期，乡规民约的内容和形式得到逐步统一，个性化特征逐渐消失，但乡规民约中蕴含的教化理念、争端解决机制和乡村治理模式对于维护乡村社会的稳定和国家上层同基层社会的互动起到了重要作用。

传统中国基层治理的有效性在很大程度上取决于乡规民约的存在，但乡规民约作用的发挥也需依赖以下三个条件：第一，基于乡土社会或熟人社会的社会环境。传统中国的乡村环境是基于熟人社会，在这一个社会中，人们彼此非常熟悉，“每个孩子都是在人家眼中看着长大的，在孩子眼里周围的人也是从小就看惯的”[①]。人们的亲情关系，熟人，脸面维系着乡村的信用体系。这种信用并非没有根据，也算不上最可靠，但这是规矩。由于“低头不见抬头见”，“远亲不如近邻”的熟人社会，每个人的行为都自觉的接受约束，否则就会受到孤立。乡规民约就诞生于这样的熟人社会，人们既是乡规民约制定的主体，又是受制约的客体。在无形之中，乡规民约就得到了人们的信任和支持。基于传统熟人社会的信任和压力，乡规民约才得以生效。第二，乡规民约除了具有文本形式以外，还须具有组织形式，即“乡约”的存在。乡规

① 费孝通：《乡土中国》，北京出版社，2004 年，第 6 页。

民约的效力还需依赖一定的组织机构和执行机构。虽然有些地方没有乡约的存在，但处罚和惩戒也会有士绅和族长临时替代。在《吕氏乡约》中，第一次明确设定了“乡约”的组织形式。“乡约”的权威并非只来源于乡规民约，有时也是官方力量和声望的代表。乡约一般在知识、身份、地位、财富或者背景中占有较大的优势，在乡村社会中拥有较大的发言权。可以说乡规民约是“乡约”权威的主要来源。同时，乡约的组织化和制度化，进一步增加了乡规民约的权威。第三，家族法规的存在。乡规民约往往和家族法规交织在一起。宗族的家法族规往往也是该村的乡规民约。这源于传统中国乡村是由于同种姓之间聚在一起的缘故。一个乡村往往是一个或者几个种姓。传统中国农村，传统习俗的力量，对祖先的敬畏和崇拜，以及家族成员之间的自觉意识，大大增加了乡规民约治理的有效性。总之，乡规民约的有效性是因为在背后有强大的权威的支持，依托于中国优秀的传统文化，乡规民约才得以源远流长。

三、社团章程

行会章程。行会最早诞生于隋唐，最初成立时仅仅在同乡之间联络感情和祭祀活动。宋朝时期，行会组织空前活跃，南宋都城临安有“四百四十行”之多，行会规章开始设立。元朝时期由于制度的变迁，行会组织一度衰落。到明清时期，随着商品经济的发展，各式各样的“会馆”“公所”成立，行会组织再度繁荣，仅苏州一地，有记载的会馆就有四十家，公所一百二十二家，另外还有许多未记载的公所和会馆，此时的行会规章更加规范。行会的名称在不同时期不同地域也不尽相同，主要由“行、团、会、堂、帮、行会、公馆、会所”[①]等。行会的产生是为了阻止同行业之间的相互竞争和协调利益关系，同时在

① 曲彦斌：《行会史》，上海文艺出版社，1999 年，第 10 页。

很大程度上与政府有关。行会的种类也不尽统一,这里的行会主要指工商业行会。行会成立后,为了维系组织的存在和实现组织的功能,制定了会员必须遵守的各类规章制度。

为了实现行会会员之间的平等,规范行会与外部之间的竞争,加强行会内部的管理,行会制定了一系列规范。首先,规定市场准入资格。商户只有加入行会才能取得市场准入资格,包括有固定营业地点被官府承认等。并且缴纳一些钱物或者从销售货物中抽取一定比例的钱物,作为经费。例如,上海茶叶会馆中第一条规定,"会馆经费,按箱提厘,公定红茶大箱,每件提八厘,……绿茶每箱六厘,以今年新茶为始。"[①]其次,规定本行业的行事规范,施行严格的徒弟制度和雇工制度。为了控制会员的生产规模,避免同行之间恶意竞争,通过对学徒和雇工人数进行控制而达到控制会员的目的。否则会造成某一会员规模的扩大,造成市场垄断。例如,《新唐书·百官志》中记载,"细镂之工,教以四年;车辂之工,三年;平慢刀槊之工,二年"。并且为了防止商户之间竞争工匠,规定了工匠的工资水平。再次,规定商品的价格和质量。为了禁止同行之间恶性竞争,行会严格控制商品的价格。一般规定最低价,可以选择高于此价销售,决不允许低于此议定价格。同时还制定了一些其他规则,如统一度量衡,统一经营时间和商户的经营范围等。最后,阐明行会与政府的关系。政府实际上承担了行会的监督协助职能,同时征收科索和商税。从唐朝开始,政府便被赋予了这一职能。对于那些以次充好,滥物交易者,政府要罚没。也就是说,行会需要借助政府的强制力来加以保障。在灾荒之年,行会应当使谷价如一,政府会利用官米来弥补行会的损失。实际上政府起到了调节市场的作用。同时,行会要承担政府的采购任务及一些商税。甚至政府通过任命有声望的人担任行会会长来达到控制行会的目的。除此之外,行

① 曲彦斌:《行会史》,上海文艺出版社,1999年,第185页。

会规章还规定了行会的信仰,祭祀活动,阐明行会成立的原因和宗旨等。

“社会”[①]章程。传统儒家思想在谈及中国社会组织时,较喜欢用“群”,而士大夫也喜欢用“群”来指多数人聚集形成组织的意思。荀子就曾经指出:“力不若牛,走不若马,而牛马为用,何也?曰:人能群,彼不能群也。”意思是说,人的体力不如牛,跑的也不如马快,为什么却能驱使牛马为自己所用呢,因为人能合群,合群就有力量。1870年以后,使臣常用“会”来称呼欧美的社会组织。例如,1885年,傅兰雅的《佐治刍言》中指出,“今有若干人聚成一会,或成一国……”[②]甲午中日战争后,绅士公共空间蓬勃发展,出现大量政治、经济和文化社团。特别是以康有为、梁启超和谭嗣同为代表的“群学”的兴盛。他们主张“以群为体,以变为用”。短时间内各种“会”开始成立,例如强学会、保国会等全国意义上的组织,政治性较强,已经成为“政党”的雏形;还有一些地方性的南学会、苏学会等已经带有地方自治的色彩;还有一些行业的,探讨专门学问的农学会、矿学会、工艺学会等也具有了公共社会属性。但新文化运动后,以民主和科学为思想基础的新知识分子开始出现,传统士绅阶层逐渐衰落,“群学”思想开始没落。

以梁启超为代表的士大夫阶层,为宣传政治思想,救亡图存,制定了一套相应的章程。例如,保国会在1898年4月12日在北京成立后,制定了《保国会章程》三十条。第一,规定了成立的原因及名称。国地日割,国权日削,国民日困,因此成立“保国会”。第二,规定了“保国会”的宗旨,保全国地、保国民和保教。保教即抵制基督教,尊孔。第三,规定了从上到下的组织及人事、职责安排。主张在京师、上海设立总会,各省各府各县设立分会,名称以地名冠名。组织公选,选出总理、值理、常议员、备议员和董事等职位。并且以推荐

① 自明代以来,“社会”这个词主要用来表达诸如民间集会、下层秘密结社这些自行组织起来的团体,与现在的“社会”概念迥异。

② 傅兰雅:《佐治刍言》,上海书店出版社,2002年,第3页。

人多的人担任。并且施行多寡，即少数决定多数，来处理事件。保国会会期分为大会、常会、临时会。第四，规定了进入保国会的资格和条件。会员需捐银二两，不得心术品行不端，不能有污会之事，否则将会除名。除此之外，还成立了自己的刊物《万国公报》后改名为《中外纪闻》。从《保国会章程》来看，保国会已经具备了政党的雏形，虽然保国会的宗旨带有封建思想的性质，在活动范围上也只有开明绅士参与，但对于开拓人们的眼界，激发人们爱国意愿，促使人们积极参与救亡图存具有重要作用，并且在一定程度上具有资产阶级政党先驱的性质。

总之，中国传统组织的“法规”，符合中国的实情，是中国社会经济发展到一定历史阶段的产物。礼治宗法作为封建社会国家治理的重要方式，对维护封建政权起到了重要作用。行会制度流行了两千多年，规范了工商业的发展，在维护利益，协调竞争方面起到了重要作用，特别是在道德方面，培养了成员的勤勉、信用和互助善良美德。并且在整合社会力量，开展公益事业，推进中国从传统走向现代的过程中发挥了积极作用。而以梁启超为代表的保国会，在面对帝国主义侵略和封建王朝的弊端，积极的奔走，寻求变革，规定了保国会的宗旨目标和组织人事，促进了中国现代政党的诞生。

第四节　形势任务和稳定的根据地环境奠定现实基础

抗战时期中国共产党党内法规建设进入高峰期，不是凭空创造的，而是以客观的实践条件为基础的。只有以实践为基础，党内法规建设才能适应党的任务不断变化发展的趋势，及时的解决党的建设面临的现实问题，进而推动党的建设事业。抗战时期中国共产党党内法规建设面临国内抗战形势任务的需要，同时不断总结党的自身建设的经验教训，再加上相对稳定的根据地环境，为抗战时期党内法规建设的发展奠定了重要基础。

一、国内抗战形势任务的需要

中共中央到达陕北后，延安成为指导中国革命的中心。此时国内形势发生了重大变化。国内民族矛盾超越阶级矛盾上升为主要矛盾，由国内战争转变到抗日战争阶段。自九一八事变日本占领东三省后，日本帝国主义加快了侵略华北的步伐。而此时国民党仍然执行“攘外必先安内”的政策，与日本签订了丧权辱国的协定，最终引发了 1935 年北平学生的“一二·九”运动，形成了全国抗日民主运动的高潮。1935 年 7 月共产国际召开第七次代表大会，要求各国共产党和社会民主党采取联合行动，建立反对帝国主义侵略的民族统一战线，最后通过了《关于建立反法西斯统一战线的决议》。8 月 1 日，中国共产党共产国际代表团依据新的方针，起草了《为抗日救国告全国同胞书》，以中央委员会名义公布在国外中英文报纸上，通称《八一宣言》。根据共产国际精神，中共中央在 12 月召开瓦窑堡会议，制定了《关于目前政治形势与党的任务决议》。决议分析了国内主要矛盾的变化，指出这种变化同样会导致国内阶级关系和国际关系发生重大变化，建立抗日民族统一战线是当前党的主要任务。1936 年 9 月 1 日，中共中央在党内发出指示，提出“逼蒋抗日”的方针政策。12 月 12 日，西安事变的和平解决，结束了国民党与共产党之间的十年内战。为国共之间合作，共同抵御日本侵略者，建立抗日民族统一战线奠定了基础。1937 年 7 月 7 日，卢沟桥事变爆发，日本帝国主义全面侵华，中华民族全面抗战开始。8 月，中国共产党与国民党达成了将红军改编为国民革命军第八路军的协议。9 月 23 日，蒋介石发表了实际上承认中国共产党地位的谈话，标志着抗日民族统一战线正式形成。

为应对国内全面抗战严峻的形势和任务的变化，中国共产党急需加强党内法规建设。一方面通过党内法规建设贯彻党的路线方针政策，另一方面通过党内法规建设规范党员和党组织，提高党的战斗力、凝聚力，迎接全面抗战的到来。由于缺乏对中国革命性质的判断，党内曾一度将资产阶级排斥在外，“关门主义与冒险主义就在党内严重地长期存留着”①，为澄清过去存在的错误，顺应抗日战争需要，需要加强党内思想建设。随着抗日民族统一战线的确立，中国共产党获得了合法地位，党员和党组织大量增加，此时需要加强党内组织建设，增强党的组织力。面对日本帝国主义的疯狂侵略，以及抗日民族统一战线中国民党顽固势力的破坏和进攻，中国共产党需要保持优良的作风，密切同人民群众的关系，必须加强党的作风建设。由于张国焘的分裂主义仍然在党内留有残余，为同分裂主义作斗争，维护党的权威，加强党的纪律，必须加强党的民主集中制建设，促进党的团结统一。

二、党的自身经验教训的总结

大革命失败后，从 1927 年到 1934 年 8 年的时间里，中国共产党先后犯了三次“左”倾错误，特别是第三次“左”倾错误给党造成了严重灾难。第一次是以瞿秋白为代表的“左”倾盲动主义，在中国革命遭受重大挫折之后，不顾党所面临的主客观条件，坚持在全国举行武装暴动。第二次是以李立三为代表的“左”倾冒险主义，在中国革命逐渐走向复兴的过程中，过分乐观的估计形势，认为革命高潮又要到来。第三次是以王明为代表的“左”倾教条主义，打着共产国际的旗号，不顾中国革命的实际，盲目的进攻和排斥中间阶级。最终导致党的组织和革命根据地几乎全部丧失，中共中央不得不开始战略转移，开始长征。直到党的遵义会议召开，解决了党最为紧迫的军事问题和

① 《刘少奇论党的建设》，中央文献出版社，1991 年，第 12 页。

组织问题，确立了毛泽东在党内的实际领导地位，成为党的历史上生死攸关的转折点。而此时张国焘坚持右倾分裂主义路线，将中共中央北上抗日污蔑为“右倾机会主义逃跑路线”，并且做出《关于成立第二中央的组织决议》，企图达到分裂党的目的。此时，日本制造了一连串的侵略华北的事件，中共中央于1935年12月召开瓦窑堡会议，制定了建立抗日民族统一战线的策略，实现了党的政治路线的转变。1937年8月，中共中央在陕北洛川召开政治局扩大会议，制定了全面抗战的路线，阐述了创立敌后抗日根据地的任务。正是在不断地总结党的自身建设的经验教训的基础上，以毛泽东为代表的党中央领导集体，开始懂得需要以法规的形式确定党的路线方针政策，使党内法规建设有了迫切需要。

党的路线方针政策之所以屡次出现错误，有着深刻的原因。一方面，中国共产党在建党原则上是以列宁主义建党的基本原理建立的，党的指导方针政策不可避免地受到共产国际的影响。不可否认的是，共产国际在中国共产党初期发挥了重要作用。但是随着中国共产党的成长壮大，共产国际的主观指导带有很大的局限性。遵义会议标志着中国共产党开始独立自主的解决方针路线政策问题。另一方面，中国共产党对中国国情与马克思主义之统一的认识还不深刻。中国作为一个半殖民地半封建国家，既不是旧式的资产阶级民主革命，也不是苏联式的社会主义革命。历次“左”倾错误，都是没有区分资产阶级民主革命和社会主义革命的不同，将整个资产阶级当作革命的敌人，正如刘少奇指出：“因为对新的形势估计不足，不相信目前中间阶层和许多社会上层分子有参加革命的可能，所以不要统一战线。”[①]如何正确对待民族资产阶级是能否制定正确的路线方针政策的关键。

① 《刘少奇论党的建设》，中央文献出版社，1991年，第10页。

三、相对稳定的根据地环境

具有相对稳定的根据地环境是抗战时期中国共产党党内法规大量制定的重要原因之一。抗日战争全面爆发后，在中共中央和毛泽东的领导下，相继开辟了抗日根据地，党员和党组织数量迅速扩大，根据地社会秩序得以恢复，抗日民主政权陆续建立，为党内法规建设提供了稳固的社会环境。到1945年，“在西北、华北、华中、华南建立抗日根据地19个，总面积达到956960平方公里，人口9550万”[①]。主要包括陕甘宁边区中央革命根据地和除此之外的各敌后抗日民主根据地。虽然土地革命时期，中国共产党创建了许多革命根据地，但由于受中共中央“左”倾错误的影响，长征前后，党的革命根据地几乎丧失殆尽，只留下了陕甘宁边区革命根据地，“陕甘宁苏区因此成为我们党在第二次国内革命战争后保存下来的唯一根据地”[②]。

陕甘宁苏区之所以能保存下来，有着重要原因。首先，从地理因素上考虑，陕甘宁苏区有着先天的地理优势。由于地处西北，交通堵塞，经济也欠发达，以蒋介石为首的国民党在“剿共”时不会作为优先对象，这种环境下，国民党的统治势力也比较薄弱，为陕甘宁苏区红军提供了良好的生存条件。其次，较少的受当时中央的“左”倾错误路线的影响。由于陕甘宁苏区不是党中央的所在地，并且地处偏远，党中央的错误路线没有及时地影响到这里。特别是在肃反运动中，较少受到影响，保留了大量党员干部。最后，由于陕甘宁苏区的领导人多来自土生土长的本地人，对本地的情况非常熟悉，即使中央的错误路线传达下来，也会自觉不自觉地抵制。虽然1935年下半年，陕甘宁

① 吴林根：《中国共产党干部教育九十年》，东方出版中心，2011年，第124页。

② 魏协武主编：《陕甘宁边区的创建与发展》，陕西人民出版社，2008年，第1页。

苏区开始受肃反运动和国民党的军事双重压力的影响，但中共中央到达陕北之后，帮助陕甘宁边区度过了危机。同时由于采取正确的战略决策，解决了物质短缺和国民党军事力量的威胁，特别是“西安事变”的和平解决，为党内法规建设提供了良好的外部环境。

第二章
抗战时期党内法规建设的内容体系

抗战时期是中国新民主主义革命阶段一个非常重要的时期，是中国共产党发展和壮大的一个关键时期，也是中国共产党党内法规建设大发展时期。面对战争形势的迅猛发展和中国共产党自身力量的迅速壮大，我们党认识到了“党内法规”建设的重要性，提出了“党内法规”的概念，初步形成了以党章为根本，包含组织法规、宣传教育法规、党员干部法规和纪律法规的党内法规体系，为实现“一个全国范围内的、广大群众性的、思想上政治上组织上完全巩固的布尔什维克化的”党的建设目标奠定了基础，为赢得抗日战争的胜利起到了促进作用。

第一节　党的章程

党的章程在党的建设发展过程中占有举足轻重的作用。为应对新的形势，早在 1937 年 12 月 13 日，中共中央政治局就通过了《关于准备召集党第七次全国代表大会的决议》，并为此专门成立了以毛泽东为首的党的七大筹备委员会。毛泽东在六届六中全会上《论新阶段》的讲话中的最后一部分，也专门讨论了召集党的七次代表大会问题，并且通过了《中共扩大的六中全会关于召集第七次全国代表大会的决议》,就召开的意义、中心任务、议事日程和代表的分配和选举办法作了详细说明。但是由于战争局势的影响,敌人的封锁过于严密。并且党的代表不断地发生变化,有牺牲的,有病故的,也有在整风运动中发生严重错误的。例如毛泽东在1943年7月30日就致电彭德怀:"太行泰岳北岳各区需重选代表若干。"[①]但最重要的原因是在党的路线方针政策上存在分歧,"党中央内部对党的路线问题认识上还有分歧。关于统一战线策略问题,有的人不同意"[②]。最终导致了党的七大一再推迟,直到1945年党的七大召开,通过了新的党章。从1937年全面抗战开始到1945年党的七大召开,六届六中全会决议实际上在此期间起到了临时党章的作用。

一、起临时党章作用的六届六中全会决议

中国共产党第六次代表大会通过的党的章程在总的原则和精神上是正确的,但是也存在着明显的缺陷,特别是过分强调共产国际在中国共产党建设中的重要作用,忽视革命根据地建设这一迫切问题。[③]由于历史环境发生了变化,其中最主要的是,"由国内各党派各阶级互相对立的局面转到了抗日民族统一战线"[④],抗日战争爆发。当前时局给党中央提出了许多新的问题,包括抗日战争的性质是什么?是长期的还是短期的?是持久战还是速决战?是执行片面的抗战路线还是施行全民族的抗战?主要经历哪几个阶段?当前处于什么阶段?如何对待抗日民族统一战线?怎样处理同国民党的关系?抗日战争的前途是什么?中国共产党在抗日战争中处于什么地位?如何

① 《中共中央文件选集》(第14册),北京中共中央党校出版社,1992年,第82页。
② 柳运光:《忆七大——七大代表亲历记》,黑龙江教育出版社,2000年,第295页。
③ 姚桓等:《党章的历程》,中国方正出版社,2016年,第72页。
④ 《中共中央文件选集》(第11册),中共中央党校出版社,1991年,第558页。

加强党的建设等一系列的问题迫切需要党中央回答。1938 年 9 月 29 日至 11 月 6 日,中国共产党扩大的六届六中全会在延安桥儿沟召开,毛泽东、张闻天和刘少奇分别作《论新阶段》《关于抗日民族统一战线的与党的组织问题》和《党规党法的报告》。全会通过了《中共扩大的六中全会政治决议案》《关于中央委员会工作规则与纪律的决定》《关于各级党部工作规则与纪律的决定》《关于各级党委暂行组织机构的决定》。刘少奇在《党规党法的报告》的中指出,除此之外,党中央还通过了召集党的七次代表大会的决议,发表了致各国共产党、日本共产党电,公布了告全国同胞全体将士和国共两党同志书。

六届六中全会决议确定了以毛泽东为首的中央政治局的正确的政治路线,克服了王明的右倾错误在党中央的影响,在政治上、思想上和组织上为党领导抗日战争作了充分准备。《中共扩大的六中全会政治决议案》由五个部分组成:①中华民族十六个月抗战的总结;②目前抗战形势的特点;③全中华民族的当前紧急任务;④国共长期合作,保证抗战建国大业的胜利,为三民主义的新中华民国而奋斗;⑤民族自卫战争中的中国共产党。决议案总结了十六个月以来抗战基本经验,指出抗日战争是艰苦的持久战,这种持久战分为三个阶段:敌方为进攻——相持——退却,我方为防御——相持——反共。同时抗日战争必须坚持全面的抗战路线,团结和组织一切可以团结的力量是保证持久战胜利的关键。目前处于第一阶段转到第二阶段的过渡时期,必须坚持国共两党长期合作,巩固和扩大抗日民族统一战线。抗日战争的前途是建立独立自由幸福的三民主义新中国。共产党员必须在民族自卫战争和建立三民主义共和国的伟大斗争中,起模范战士的作用,坚持统一战线,保持党的独立性。

决议案规定必须加强党的组织建设,坚持民主集中制原则。建立和加强地方党部,培养领导人才。大量设立培养干部的学校,善于关心干部,善于识别干部,善于使用干部,善于爱护干部。必须开展两条战线上的斗争,既反对“左”的关门主义倾向,以便实现长期合作,又要反对“右”倾机会主义倾向,以免变为投降主义的合作和无原则的合作,同时又要反对两面派行为。认真执行民主集中制原则,坚持个人服从组织,少数服从多数,下级服从上级,中央是全党最高的领导。

由于党的地位的合法化,党的组织机构也随之发生变化,为加强党的组织机构建设,六届六中全会通过了关于中央委员会、各级党部和各级党委组织机构的三项党内法规,对党章中相应的条款进行了暂行修改和补充。《关于中央委员会工作规则与纪律的决定》进一步规范了中央委员会、中央政治局、中央书记处以及各中央局和中央分局的职权,制定了详细的运行规则,特别是对各机构成员必须遵守的纪律作了详细规定,完善了党的中央机构工作和职能,确保了抗战时期党拥有坚强的领导核心。《关于各级党部工作规则与纪律的决定》规定了党的地方党员大会或党代表大会和地方委员会的运行规则,以及地方委员会的委员、代表会的代表和党员必须遵守的纪律。例如规定凡取得合法地位的地方党部,应按照党章要求召集地方党的代表大会及党员大会;委员会候选人的选举办法应以候选人个别的提交会议分次举手表决;常委要完全执行各级党的委员会的决定等。[①]《关于各级党委暂行组织机构的决定》规定了党的基层组织及各党的委员会的工作机构的职责和应当遵守的纪律。例如决定规定敌人后方中央局、中央分局之下,设立区党委员会、地方党委员会、县党委员会、市党委员会、分区党委员会和支部委员会等;区委以上的党的委员会应设立组织部、宣传部、战事动员部、民运部、统一战线部和秘书处;由中央局决定区党委之下设立监察委员会;各级党委的各工作部门对于下级党委的各该部门均指导其工作,但关于各种

① 《中共中央文件选集》(第11册),中共中央党校出版社,1991年,第766~769页。

重要问题的指示,应由各级党委会决定等。[①]

六届六中全会决议确立了抗战时期党的正确的政治路线，同时为适应战争环境和党的工作的变化,加强和调整了党的组织机构,解决了党的领导的组织问题。决议运用马克思主义原理解决了中国革命的实际问题,是党的建设上的重大进步。决议在党的六大党章不适用的情况下,作为进入抗战时期的全面的指导性文件,发挥了指导性作用,起到了临时性党章的作用,对党的建设产生了深远影响。

二、七大党章

早在抗战初期,刘少奇在六届六中全会《党规党法的报告》上就曾提出，“七次大会再予党章以大的修改”[②]。由于战争原因,抗战初期党内政治路线上也存在分歧,国内政治形势和军事形势的影响等,党的七次代表大会一次次延期,党章的制定和修改也随之延期。党的六届六中全会基本上纠正了王明的右倾机会主义错误,提出了“马克思主义中国化”的基本命题,进一步确定了毛泽东在全党的领导地位。从 1942 年 2 月起,中国共产党在全党范围内开展了整风运动,全党在思想上达到了高度统一。在统一思想的基础上，1945 年 5 月党的扩大的六届七中全会过了《关于若干历史问题的决议》,对党的历史上的一些重大问题作了结论,整风运动结束。整风运动为党的七大召开和七大党章的制定做好了思想上的准备。

关于七大修改党章的原则。刘少奇指出,我们党是一个完全新式的,全心全意为人民服务的，在最坚固的中国化的马克思列宁主义理论基础上建立起来的党,拥有和人民群众密切的联系和民主集中制的原则。修改党章并

① 《中共中央文件选集》(第 11 册),中共中央党校出版社,1991 年,第 770~773 页。

② 《刘少奇论党的建设》,中央文献出版社,1991 年,第 46 页。

不是要改变我们党的性质和党的基本组织原则，而是进一步发展和加强这种性质和原则。党的性质和基本的原则是不变的,但党的具体的组织形式和工作方法要随着环境的变化而调整。关于修改党章的原因。刘少奇指出,第一,党面临新的政治任务。从 1928 年到现在,党内党外情况发生了极大变化,需要动员全党执行新的政治任务。第二,总结经验教训的需要。党在十七年指导中国革命斗争中积累了丰富的经验,必须总结这些经验来充实党章,加强党的建设。第三,六大党章存在缺陷。由于情况的特殊,许多部分不能适用,造成许多党员对党章重视不够,执行不力的情况。第四,我们党已经是一个全国范围的、广大群众性的党,拥有 121 万党员,并且拥有了自己的军队和强大的革命根据地,经过整风运动,我们党克服了各种“左”右错误,在思想上、政治上和组织上达到了空前的团结和统一。最为重要的是我们有了自己的领袖。当前我们党面临着新的任务,即要领导全国人民,建立独立、自由、民主、统一、富强的新中国。所有的这些,要求我们重新修改党章。

党的七大制定的《中国共产党党章》主要有总纲和十一章组成,共七十条。相比六大党章,变化较大。主要表现在:第一,在党章之前加了党的总纲。这在党的章程中是第一次,以后成为党的章程的惯例。总纲阐明了中国共产党的性质,代表的是工人阶级,是工人阶级的最高形式。指出以后党的工作的指南为毛泽东思想，这是马克思列宁主义理论与中国革命实践相统一的思想。指出了当前的中国国情,并依据国情阐明了中国革命的动力、中国革命的性质、中国共产党目前的任务和将来的任务。指出了中国革命的不平衡性、长期性、复杂性,要求必须坚持武装斗争和建立革命根据地,坚持中国共产党的领导地位。指出中国共产党必须坚持批评与自我批评的方法,及时检查缺点和不足。指出中国共产党必须坚持全心全意为人民服务的宗旨,与广大人民群众密切联系在一起,将党的“群众路线”上升到党的战略高度。党的群众路线在政治含义、方法论含义和作风含义上有了完整形态。在政治含义上,坚持党的群众路线是党的根本政治路线,也是根本的组织路线。在方法论含义上,坚持从群众来到群众中去。在作风含义上,坚持与广大人民群众密切联系在一起的作风。党的纲领是我们党 24 年斗争的历史经验和我们党自身建设经验的总结。

第二,在党员章节中对党员的权利和义务,入党条件等做了详细规定。这是中国共产党制定党章以来第一次以条文形式规定党员的权利和义务。党员的义务上,主要从党员的思想、党员的纪律、为人民服务和模范带头作用上提出了明确要求。党员的权利上,在党的会议或党刊上关于党的政策的实施的自由讨论的权利,党内的选举权和被选举权,向党的任何机关直至中央提出建议权和在党的会议上批评党的任何工作人员的权利。阐明了发展党员的不唯成分论。对于无产阶级、半无产阶级和革命士兵申请入党,有两名正式党员介绍,获得批准,并且经过六个月候补期可正式成为党员;对于小资产阶级申请入党,仍然需要两名正式党员介绍,并且其中一人必须为一年以上党龄的党员,获得批准后,需要经过一年候补期;对于上述两类人以外的其他人员申请入党,仍然需要两名正式党员介绍,其中一人必须有三年党龄,经过支部大会决定,高级别党委批准,经过两年候补期可成为正式党员;对于脱离其他政党的申请入党者或者是其他政党的普通党员,需要两名正式党员介绍,其中一人需三年党龄的党员,如果是其他政党的负责人,则需要其中一人为五年以上党龄的党员介绍,经过省委党委的批准,加两年候补期才能成为正式党员。

第三,在党的组织机构章节中第一次在党章中阐释了民主集中制。明确了民主集中制的含义,规定了民主集中制的基本条件包括党的各级领导机关由选举产生;党的各级领导机关向选举自己的党的组织定期进行工作报告;党员个人服从所属党的组织,少数服从多数,下级组织服从上级组织,部分组织服从中央;严格地遵守党纪和无条件地执行决议。

第四,从第三章到第九章,规范了党的中央组织、省级及边区组织、地方组织和基础组织的设立、职责和运行等。在中央委员会第一次施行主席制,明确了全国代表大会的职权。

第五,在第十章添加了奖励条款。执行严格的纪律是党章的惯例,但是七大党章除了纪律处分以外,还增加对党组织和党员奖励的规定。七大党章是中国共产党第一部独立自主制定的党的章程,继承了六届六中全会三项法规的重要内容,是全党集体智慧的结晶,更是中国共产党重要的组织武器,标志着中国共产党在组织上已经完全成熟。

第二节　党的组织法规

组织法规是建立组织体制,规范组织运行和活动的重要党内规章制度。党的组织建设完善与否是一个政党是否成熟的重要标志。为适应新的形势和任务的需要,抗战时期党中央制定了大量的组织建设法规,形成了毛泽东思想的组织建设的理论,包括毛泽东建党思想的组织路线和一些正确的组织原则,党员队伍建设的理论(包括党员的党性锻炼)和原则,干部队伍建设的方针和一套完整的干部政策,特别是“形成了党的三大作风和正确开展党内斗争的理论和原则”[①],此时党的组织体制也经历了从大量设立到精简机构的变革,毛泽东党建思想中的组织建设在理论内容上形成了完整的体系。从1937年全面抗战开始到1945年抗战结束,党中央和中央部门制定的党的组织法规包括:《中央组织部关于改编后党及政治机关的组织的决定》(1937年)、《中央关于组织青委会的决定》(1938年)、《中央宣传部关于充实和健全各级宣传部门的组织及工作的决定》(1940年)、《关于根据地各级青

① 赵生晖:《中国共产党组织史纲要》,安徽人民出版社,1987年,第196页。

委组织与工作暂行条例》(1942 年)、《中央关于统一抗日根据地党的领导及调整各组织间关系的决定》(1942 年)、《中央机构调整及精简决定》(1943 年)、《中共第七次全国代表大会选举新的中央委员会的条例》(1945 年)。

一、确立党的马克思主义组织路线

抗战开始后,随着统一战线政策的实施,党的组织迅猛发展,从六届六中全会决议案确立党的马克思主义组织路线,到党的第七次全国代表大会制定的党章和决议丰富和发展了党的马克思主义组织路线,毛泽东建党思想的组织路线理论得以形成的完整体系,包括"关于党的组织路线理论,党的组织路线与政治路线关系理论,党的组织路线与党的思想建设关系理论"[①]。

六届六中全会通过的《中共扩大的六中全会政治决议案》等一系列决定中阐明了党的马克思主义的组织路线,包括党的干部路线和政策,党员队伍建设的方针,党内生活的民主化和党的纪律等。在七大党章的总纲和条文中贯穿着群众路线精神,进一步强调党的群众路线,"因为党的群众路线,是我们的根本政治路线,也是我们党的根本组织路线"。党的群众路线就是拥有要正确对待人民群众的态度,认识到人民群众自己解放自己。坚持全心全意为人民服务,就是要拥有正确领导人民群众的方法。党的领导人民群众的作用,就是从人民群众的利益出发,给人民群众指出正确的斗争方向,然后帮助人民群众,自己动手创造幸福生活。党的组织路线与党的群众路线密切联系在一起,使党的组织路线内涵得到丰富和完善。

为了贯彻执行党的六届六中全会确立的马克思主义的组织路线,毛泽东提出了"同党的政治路线密切联系着"的著名原理。六届六中全会上,张闻

① 赵生晖:《中国共产党组织史纲要》,安徽人民出版社,1987 年,第 196 页。

天在《关于抗日民族统一战线与党的组织问题》的报告中指出，“组织任务要服从政治任务，政治任务要靠组织工作来保证”[①]，二者之间政治路线是起指导作用的。“这次中央会议的政治报告，规定了我党的政治任务，组织工作就是要保证这条政治路线的完成。”[②]1939 年 10 月毛泽东提出了“建设一个全国范围的、广大群众性的、思想上政治上组织上完全巩固的布尔什维克化的中国共产党”的基本任务，也是党的组织建设的指导方针。瓦窑堡会议阐明了抗战时期建立抗日民族统一战线的政治路线。能否正确处理统一战线与武装斗争问题，是党的政治路线的重要部分。关于党的组织路线和政治路线的关系，毛泽东将其比喻为战时与武器的关系，“党的组织是掌握统一战线和武装斗争这两个武器以实行对敌冲锋陷阵的英勇战士”，是主体与客体的关系，党的组织是主体，党的政治路线是客体，党的政治路线固然制约和影响党的建设，但党的组织是行为主体，政治路线是党的主观意识的产物。政治路线的制定，修改和完善是由党的组织来完成的。六届七中全会通过的《关于若干历史问题的决议》指出，正确的政治路线应该是“从群众中来，到群众中去”，而为使这个路线真正的从群众中来，首先需要党的领导机关和群众建立密切的联系，也就是需要正确的组织路线。坚持正确的政治路线，必须要有正确的组织路线，在一切错误的政治路线统治的同时，必然产生错误的组织路线，错误的政治路线统治得愈久，错误的组织路线的危害也就愈烈。决议深刻的阐明了党的政治路线与党的组织路线的关系。同时也阐明了党的群众路线的政治含义，既是我们党的根本的政治路线，也是我们党根本的组织路线。为党的七大制定和确立正确的政治路线奠定了基础。

毛泽东在阐明党的组织路线与党的政治路线的关系后，在整风运动中进一步阐明了党的组织路线与党的思想建设的关系，他指出，“为要从组织

① 《张闻天选集》，人民出版社，1985 年，第 225 页。

② 《张闻天选集》，人民出版社，1985 年，第 225 页。

上整顿，首先必须要从思想上整顿，开展一个无产阶级对非无产阶级的思想斗争”，强调党的思想建设是党的组织路线的保证，思想建设是党进行伟大斗争的中心环节。

二、形成党的基本组织原则

早在大革命时期党的民主集中制的基本组织原则已经在党的法规文件中得到确立，但是实践中受革命环境影响存在诸多问题。到了抗战时期，抗日民族统一战线的确立，民主集中制建设有了客观的条件和环境。中国共产党不断总结民主集中制建设的经验，经过制定党的六届六中全会决议，以及延安整风期间民主集中制建设的巩固和发展，到六届七中全会决议和七大党章出台，民主集中制原则得到了丰富和发展，并且在此过程中提出了新的党的基本组织原则，即党内政治生活原则，党的基本组织原则形成了完整体系。

土地革命时期，受严峻的国内形势影响，在古田会议决议上规定了“厉行集中指导下的生活”，强调党的领导机关要遇事拿出办法，制定正确的指导路线。而下级机关对于上级机关的指示，要进行详尽的讨论，制定出执行指示的办法。抗战开始后，针对王明在长江局工作期间对抗中央，擅自发表意见，破坏党的纪律的行为，党的六届六中全会提出了“四个服从”的原则。这里将民主集中制中的“四个服从”原则，作为党的纪律，要求全党认真遵守。六届六中全会决议案在表决张国焘的背叛行为时，再次重申认真执行党的民主集中制的“四个服从”原则。为了规范上下级之间的关系，统一各级领导机关的行动，六届六中全会通过了三个党内法规文件。文件特别强调，每个党员必须遵守民主集中制原则，下级必须完全执行上级机关的决议和指令，不得以中央名义向党内外发表言论和文章。为贯彻民主集中制原则，加强党的统一领导，解决党政军民关系中的一些不协调问题，中共中央政治局在1942年9月1日制定了《关于统一抗日根据地党的领导及调整各组织间关系的决定》，确立了党的领导一元化原则。决定指出，抗战以来，各根据地党的领导，党政军民组织之间的关系，基本上是团结的。但在某些地区，存在着不协调问题，例如存在各自为政，军队不够尊重地方党和地方政权，党员包办等现象。这些现象极不利于根据地建设。

因此，根据党的一元化领导原则，具体规定党委、军队、政权及民众组织之间的关系。党对政权的领导，是原则性的、政策的、大政方针的领导，不是包办代替。党通过党员和党团加强党对政府和民众组织的领导，而不是党政不分，党民不分。必须严格执行党的民主集中制原则，党的领导的一元化，一方面表现在党政军民组织之间的关系上；另一方面表现在上下级关系上，坚持下级服从上级，全党服从中央的原则。随着抗战进入战略反攻阶段，赢得胜利的趋势越来越明显，党的六届七中全会通过的《关于若干历史问题的决议》强调坚持严格的民主集中制，既不能不正当的限制民主，又不能不正当的限制集中，坚持批评与自我批评的民主精神的同时坚守党的纪律。党的七大通过的《中国共产党党章》中第一次定义了民主集中制的概念，即“民主基础上的集中和集中领导下的民主”，提出了民主集中制包含的基本原则。党的组织是按照一定的规律建设起来的，党也遵循一定的规律而不是简单的党员的数字总和，这种规律就是民主集中制。民主基础上的集中就是党的领导方针和决议，经过民主的程序，在群众中集中起来，由党员群众或者党员代表决定，再由领导机关协同党员群众执行；集中指导下的民主就是指党内民主是有领导的民主，而不是极端民主化和无政府状态，党的一切会议和一切决定都是在党的领导机关下进行的，全党要遵循统一的党章和统一的纪律。

章程规定了民主集中制的基本条件：第一，“党的各级领导机关由选举制产生。”党的各级代表大会及党员大会必须依照党章来召集，选举党的领导机关。其中，党的全国代表大会每三年召集一次，地方党的代表大会每两年召集一次，省或边区、地方、县、区的代表大会与代表会议，可以轮番召集。第二，“党的各级领导机关向选举自己的党的组织作定期的工作报告”。党的各级领导机关应定期向选举自己的组织和党员报告工作，并且报告中不应只提成绩，而且要报告缺点和错误，坚持自我批评的精神。同时坚持党内民主，并不是削弱党的集中，要使民主和集中高度统一起来，依据实际情况有所侧重。第三，坚持四个服从。四个服从的基本原则，是民主集中制原则的根本的原则，也是最高原则，要求党员和组织拥有高度的纪律性，即使在与组织发生严重原则性分歧时，也要无条件服从。但是坚持四个服从并不要求盲目的服从，要坚持具体问题具体分析，施行“集中领导，分散经营”的政策。第四，“严格地遵守党纪和无条件地执行决议”。这就要求党员和党组织在党的决议出台之后，既研究决议、指示，又研究实际情况，行得通的坚决执行，行不通的及时提出意见，详尽的说明情况，请求改变决议或指示，而不是闭着眼睛盲目的机械的执行，更不是合口味就执行，不合口味就不执行的独立性。七大党章在党的民主集中制组织原则的发展上具有重要的历史意义，是抗战以来党的建设经验的结晶，民主集中制原则形成了完整的理论形态。

党的基本组织原则还包括党内政治生活原则。早在1929年红四军第九次党的代表大会上就提出了党内生活政治化的概念，“使党员的思想和党内的生活都政治化，科学化”，并指出了具体的方法路径。1938年党的六届六中全会通过的决议中，第一次提出了党内政治生活的基本原则。包括两个方面内容，一方面实行党内生活的民主化，另一方面在党内生活中加强党的纪律。毛泽东在六届六中全会中指出，现在处在伟大斗争中的中国共产党，要想发挥各党员干部和组织的积极性，必须推行党内生活的民主化。积极性的表现主要体现在党员干部和领导机关的创造能力，负责的精神，工作的活跃和敢于提出问题，发表意见，批评缺点，以及从爱护党员干部和领导机关角度的监督作用。中国共产党诞生在一个长期以小农经济、家长制政治为传统的国家，为发挥这种积极性，必须加强党内民主的教育，使党员懂得什么是民主，什么是民主生活，民主和集中之间又是什么关系。并且不能盲目扩大民主，以至于出现极端民主化倾向。针对王明对抗中央局，不经中央同意，随意发表意见，六届六中全会决议重申了“四个服从”的党的纪律。毛泽东在六届六中全会报告中更是严肃地指出，“谁破坏了党的纪律，谁就破坏了党的统一”。决议案指出，“每个共产党员应该爱护党和党的团结统一有如生命”。自全面抗战开始，中国共产党进入了党的发展史上的辉煌时期，中国共产党深刻总结抗战以来党的组织建设的经验，形成了基本的党的组织原则，为党的发展奠定了基础。

三、建立并巩固党的组织体系

党的组织在土地革命前期得到了大量恢复，但是随着党中央的政策频繁地出现“左”的错误，党的组织几乎丧失殆尽，最终被迫长征。遵义会议决议初步确立了以毛泽东为代表的正确路线在中央的领导地位，挽救了党，党的组织转危为安。随着抗日民族统一战线的确立，党自身的合法地位得到承认，中央开始改编党及政治机关，中组部制定了《关于改编后党及政治机关的组织的决定》。由于党的正确的政治路线的制定，敌后抗日根据地广泛建立，党的组织数量大大增加。建立了从中央到地方再到支部的完整的组织体制。抗日战争进入相持阶段后，党中央发出了“精兵简政”的指示，出台了《关于中央机构调整及精简决定》，党的组织机构工作效率得到提高，同时减轻了人民负担。党的七大通过党章对全国党的组织体制作了详细的规定，特别是党的基础组织，对以后党的基础组织建设产生了重要意义。

抗战初期的党的组织体制。抗战初期，中共中央在洛川会议上通过的《关于目前形势与党的任务的决定》制定了全面抗战路线和建立敌后抗日根据地的中心任务。为加强党的领导,红军在依据共产党与国民党的决议进行改编后,中共中央组织部于 1937 年 8 月 1 日制定了《关于改编后党及政治机关的组织的决定》,关于党的组织方面,决定指出,师以上及独立行动部队,组织军政委员会。军政委员会作为党的秘密组织,指导全部军事、政治和党的工作。军政委员会由该军的首长、副首长和政治部主任等五人组成,其余两人由上级指定。师团两级及总部和师的直属部队,组织党的委员会,成员完全由自上而下的民主方式选出,其中师级党的委员会九至十一人,团级党的委员会七至九人,各级党委会选三至五人组成常务委员会。旅营两级由军政主要干部,组成特别小组。连队支部,是党在部队中的基本组织,其委员由党员大会选举出,分为支书、副支书、组织、宣传、民运、青年等委员。关于党的政治机关,师团以上设立。师以上设立政治部,团设立政治处。职责包括保证党的策略路线执行,进行政治文化教育,保障某一具体任务的完成,进行友军、敌军和地方居民的工作。在抗战初期,根据地党的建设和发展中,军队起到了重要作用。军队既要从事军事工作,又要做群众工作,还承担了建党建政的任务。依靠军队建党发展党,是抗战初期党的组织体制建设的鲜明特点。

1937 年 12 月,中共中央在延安召开了政治局会议,会议抵制了王明的右倾投降主义主张,改组了中央局的组织机构,改组了书记处,在汉口设立了中共中央长江局,以王明为书记,在南昌建立了中共中央东南分局,项英为书记,在延安设立了陕甘宁边区党委。由于王明把持的长江局经常以党中央名义发表文章和谈话,对党中央指示置之不理。为加强党中央的领导地位,1938 年 9 月 26 日中央政治局召开会议,决定了六届六中全会议程。9 月 29 日扩大的六届六中全会召开,会议上通过了三项党内法规文件,规定了党的中央组织和地方组织的任务、职责范围和纪律。至此,中央委员会、中央政治局、中央书记处、中央分局、区党委、地委、县委、市委、区委或分区委、支部等组成的抗日战争期间的党的组织体制完整建立，为迎接抗日战争相持阶段的到来打下了坚实的组织基础。

抗战相持阶段的组织体制。进入相持阶段，由于日本侵略者的疯狂扫荡，对国民党采取诱降政策，敌后抗日根据地成为主要战场，抗战进入最艰苦困难的阶段，党的组织的大量发展，存在着效率不高问题，导致人民负担加重。党中央提出了“精兵简政”的政策。1943 年 3 月 20 日中央召开政治局会议，通过了《关于中央机构调整及精简决定》，目的是为了使党的组织体制事权统一和集中，提高党的领导工作的效能。决定规定，在中央政治局和书记处之下，设立宣传委员会和组织委员会作为助理机关。宣传委员会的任务和权限是对宣传教育事业进行集中管理，研究宣传教育事业的具体政策，向政治局和书记处提供宣传教育方面的提案和建议。宣传委员会管理的机构包括中央宣传部、解放日报社、中央党校、文委和出版局。组织委员会的任务和权限是对根据地、大后方和敌后方的组织工作集中管理，向政治局和书记处提供组织方面的提案和建议。组织委员会管理的机构包括中央组织部、统一战线部、民运工作委员会、中央研究局和海委。此外，《决定》还对一些人事工作作出了具体安排。《决定》从组织上确立了毛泽东在全党的领袖地位，加强了党中央的集体领导。

抗战后期的组织体制。经过艰苦的抗战，党组织大量发展，经过调整、精简和巩固，在全国形成了相对完善的组织体制。但是由于抗战任务的艰巨，并没有召开党的代表大会，通过党的章程的形式予以确定，直到党的七大召开，新的中国共产党章程的制定，党的组织体制才以法规的形式确立。针对中央委员会的选举，七大专门通过了《中国共产党第七次全国代表大会选举新的中央委员会的条例》，对中央委员会委员选举程序作了详细规定。《条例》要求，由大会主席团提出中央委员及候补委员的名额，在正式选举之前组织预选，大会正式选举时采用无记名投票方式，选举结果应依照大会通过的名额和大会出席正式代表过半数的票选最多数，向大会宣布新的中央委员及候补委员。针对党的组织体制，党的七大通过的《中国共产党章程》作了明确规定。党的组织机构是按照民主集中制建设起来的。党的组织系统，从全国，到省、边区和地方，再到县、市，直到城市或乡村中的区，最后到工厂、矿山、农村等，都建立了完善的代表大会、委员会、代表会议等党的组织体系。党章详细规定了各组织机构的职权、召集和下属机构情况。除此之外，党章还特别详尽的说明了党的基础组织（即党的支部）在基层具有团结人民群众的重要作用。

另外，为应对临时情况，针对某一组织问题，相关部门制定了专门的党内法规加强党的组织体制建设。例如为加强对青年运动和各青年团体的领导，1938 年 5 月 5 日中央发布《关于组织青年工作委员会的决定》。《决定》规定县委以上各地方党部成立青年工作委员会，委员会中至少一人专做青年工作。《决定》高度重视青年工作，对青年进步学生参加抗日运动起到了重要促进作用。1942 年 2 月 6 日，中央书记处通过了专门针对各级青委组织制定的《关于根据地各级青委组织与工作暂行条例》。《条例》就为什么设立青委作出了解释。青委是党领导青运的专责部门，为适应特殊环境而设，带有临时过渡性质。《条例》就青委的组织构成，青委与党委的关系以及青委的任务与工作做了详细规定。同时通过的还包括《关于根据地各级妇委组织工作条例》。《条例》同样就妇委组织的设立情况，妇委的工作任务，妇委与党委的关系以及妇委工作人员应注意的问题作出了详细规定。

四、发扬党的三大作风

党的三大作风是区别于其他政党的显著标志。毛泽东在党的七大上所作《论联合政府》的政治报告中提出党的三大作风，在党的七大上通过的决议案中予以确定。三大作风是总结我们党二十四年来实践经验教训的总结，丰富了党的组织建设的内容，也是党的组织法规建设的重要内容。

早在1941年9月10日，毛泽东就第一次使用了"党风"的概念，之后又在《整顿党的作风》中明确提出了"反对主观主义以整顿学风，反对宗派主义以整顿党风，反对党八股以整顿文风"。在党风概念的理解上毛泽东将其分为狭义和广义。狭义上党风指"反对宗派主义以整顿党风"，广义上还包括学风和文风在内的作风。之后，毛泽东又批评了理论与实际相脱离的主观主义，强调只有将理论与实际统一起来才是正确的作风，才是马克思列宁主义的作风。毛泽东将党风问题提升到关系党的性质和政治路线高度，认为这关系到党的性质和党的政治路线的执行，同时还关系到人心向背，影响着社会风气。在党的七大政治报告上毛泽东正式向全党提出了，"理论和实践相结合的作风，和人民群众紧密地联系在一起的作风以及自我批评的作风"①，将这三大作风作为中国共产党的显著标志。随后，中共中央通过了《中国共产党第七次全国代表大会对于政治报告的决议案》，以法规文件的形式确立了党的三大作风。七大通过的《中国共产党党章》贯穿着三大作风精神。党章提出中国共产党要坚持以毛泽东思想为指导，因为毛泽东思想是理论与实践相统一产生的重要理论成果。中国共产党要善于运用批评与自我批评的武器，及时发现工作中的问题和缺陷，从团结的愿望出发，帮助党员干部纠正错误。中国共产党必须坚持全心全意为人民服务的宗旨，密切联系广大人民群众，并不断巩固这种联系，既反对命令主义，又反对尾巴主义，同时反对军阀主义和官僚主义，以防止脱离人民群众。

之所以形成党的三大作风是中国共产党总结二十四年党的建设经验教训的结果。马克思列宁主义的普遍真理作为中国人民的武器，只有与中国革

① 《毛泽东选集》(第三卷)，人民出版社，1991年，第1094页。

命的具体实践相结合才能产生理论的导向作用。党自成立以来，不断同教条主义和脱离实际的经验主义作斗争。坚持理论联系实际，我们党才能克服思想上的错误，才能在思想上得到巩固。坚持全心全意为人民服务，从人民群众利益出发，是党工作的出发点。二十四年来的经验告诉我们，凡是正确的任务、政策和作风，都是与人民群众相适合的结果；凡是错误的思想、任务和作风，都是脱离人民群众的结果。以“惩前毖后，治病救人”为宗旨的整风运动之所以取得成功，最重要的是坚持正确的而不是歪曲的、敷衍的批评与自我批评。

五、坚持正确开展党内斗争原则

在整风运动期间，以毛泽东为代表的中国共产党人，纠正了过去开展党内斗争中不正确的错误方针，总结了中国共产党人处理党内矛盾的丰富经验，制定党内法规文件，确定了一套处理党内矛盾的理论、原则和方针，为正确开展党内斗争提供了基本的指导原则，进一步丰富了党的组织建设内容。

土地革命时期，受王明等人的“左”倾教条主义错误路线影响，在党内施行“残酷斗争，无情打击”的党内斗争方针，一方面对于反对他们“左”倾路线和错误主张的同志残酷斗争，无情打击，强加党内一批同志的罪名，乱扣帽子；另一方面排斥执行正确路线的毛泽东、邓小平等同志，导致大批优秀的担任重要职务的干部被撤销职务，使革命遭受极大的损失。王明的“残酷斗争，无情打击”的党内斗争方针严重迫害了党的组织原则，干扰了党内正常的民主生活。直到遵义会议召开，王明错误的“左”倾教条主义路线才转移到正确的轨道上来，确立了以毛泽东为代表的新的中央的正确路线的领导。但是王明之后，张国焘坚持右倾分裂主义路线，围攻和迫害拥护党中央正确路线的干部，妄图分裂党，破坏党的统一。虽然经过多人的规劝，仍然执迷不悟。中共中央不得不在1936年1月22日作出《关于张国焘同志成立第二中央的决定》,对张国焘的反党行为进行了坚决的斗争,最终张国焘的分裂主义路线破产。鉴于张国焘的错误,中共中央于1937年3月作出了《关于张国焘路线错误的决定》,对张国焘的错误进行了系统批判,但仍然从团结的愿望出发,要求他停止分裂党的行动,直至1938年4月18日开除出党。1938年党的六届六中全会制定了正确的组织路线,党的组织工作实现了彻底的转变,错误的党内斗争方针才被彻底纠正。

以1941年5月毛泽东在延安高级干部会上作《改造我们的学习》的报告为标志,到1945年4月党的六届七中全会《关于若干历史问题的决议》通过,全党从党的高级干部,到普通党员,再到各抗日民主根据地进行了一次普遍的整风运动,期间关于党内斗争的理论、原则和方针形成了一套完整的体系。早在《矛盾论》中毛泽东就针对党内斗争的基本理论问题进行了详细阐述。他指出,党内斗争是"党内不同思想的对立和斗争是经常发生的,这是社会的阶级矛盾和新旧事物的矛盾在党内的反映。党内如果没有矛盾和解决矛盾的思想斗争,党的生命也就停止了"[①],阐明了党内斗争理论依据和指导思想,对于理解党内斗争产生的必然性和必要性,以及党内斗争的性质和产生根源,具有重要的指导作用。之后又在《中国革命战争的战略问题》中阐述了党内开展两条路线斗争的重要意义,"正确的政治的和军事的路线,不是自然地平安地产生和发展起来的,而是从斗争中产生和发展起来的"[②],只有不断地同这些"左"的和右的错误倾向作斗争,才能制定正确路线和取得革命斗争的胜利。同时毛泽东提出了正确开展党内两条路线斗争的原则,注意从两条路线斗争,坚持实事求是的原则,具体的看问题,不能乱扣帽子,采取严肃和谨慎态度,警惕两面派行为。在整风运动期间,毛泽东在《整顿党的

① 《毛泽东选集》(第一卷),人民出版社,1991年,第306页。

② 《毛泽东选集》(第一卷),人民出版社,1991年,第186页。

作风》报告和《关于在延安讨论中央决定及毛泽东整顿三风报告的决定》中，进一步剖析“左”和右的两种倾向，提出了处理党内矛盾的基本方针，即“惩前毖后，治病救人”。一方面对待错误，一定要揭露，而不能讲面子，但要坚持实事求是，科学评判的态度，目的是为了以后做得更好。另一方面，揭露别人的错误，是为了像医生一样救人，对待犯错误的同志，只要愿意改正，就要帮助他，欢迎他。

第三节　党的宣传教育法规

政党的思想建设，体现政党的核心价值，反映政党的意志和组织能力。抗战时期党的宣传教育法规主要用来规范党的思想建设和宣传方面的工作和活动，在内容体系上主要体现在把思想建设放在党的建设的首位和加强党的宣传、教育工作。在一个半殖民地半封建社会，农民占大多数，非无产阶级思想严重存在的社会历史条件下，没有党的宣传教育工作，是难以想象的。为此中国共产党高度重视党的思想建设，特别是在抗战时期整风运动期间，党的宣传教育法规数量大量增加，包括《中央关于宣传教育工作的指示》(1939)、《中央关于办理党校的指示》(1940)、《中央宣传教育部关于提高延安在职干部教育质量的决定》(1940)、《中央宣传部关于各抗日根据地内党支部教育的指示》(1940)、《中央宣传部关于大后方党的干部教育的指示》(1940)、《中央宣传部关于党的宣传鼓动工作提纲》(1941)、《中央宣传部关于各抗日根据地报纸杂志的指示》(1941)、《中央关于高级学习组的决定》(1941)、《中共中央关于延安干部学校的决定》(1941)、《中共中央关于在职干部教育的决定》(1942)、《中央书记处办公厅关于政治局对党校组织及教育方针之新决定的通知》(1942)、《中央书记处办公厅关于党务广播条例的通知》(1942)。

一、把思想建设放在党的建设的首位

把思想建设放在党的建设的首位是抗战时期党的建设的突出特点，也是毛泽东建党思想的重要原理。抗战时期并没有针对这一原理制定专门的党内法规，但是在诸多党内法规中均有体现。需要特别说明的是，党的思想建设方面的党内法规，解决的是谁来建设，建设什么，以及如何建设的行为问题，而不是党组织和党员的内心活动或者思想观念。在内容上主要体现在：首先，规定了“着重从思想上建党”；其次，规定了思想上建党的基本内容和根本任务；最后，规定了“整风”这种创造性的思想建设形式。

“着重从思想上建党”是与中国共产党所处的特殊的历史条件和党内主要矛盾决定的，早在土地革命时期的党内法规建设中就有体现。1929 年 12 月，中国共产党红四军第九次党的代表大会通过的决议案中就指出，要“纠正党内错误思想”，这种错误思想严重妨碍党的正确路线执行。同时指出了错误思想的表现、产生根源和纠正方法。决议案列举了单纯军事观点、极端民主化倾向、绝对平均主义、非组织观点等八种错误思想。对于产生根源，一方面是由于农民和小资产阶级出身的成分所构成；另一方面是由于党内领导机关缺乏坚决的斗争和缺乏对党员的教育。对于纠正方法，要加强马克思列宁主义理论教育和党的正确路线教育。延安整风运动期间，明确提出了“着重思想”的建党论断，概括了思想建设的内容。在延安文艺座谈会上的讲话中，毛泽东提出“有许多党员，在组织上入了党，思想上并没有完全入党，甚至完全没有入党”，要求开展一个无产阶级对非无产阶级的思想斗争。六届七中全会通过的《关于若干历史问题的决议》规定把党的思想统一于马克思列宁主义。同时提出了将马列主义与中国革命实践相结合，加强马克思列宁主义的思想教育的任务。在党的七大上，着重从思想建党上升为毛泽东建党路线的高度。党的七大将毛泽东思想作为党的一切工作的指针,并且对毛泽东思想做了详细阐述。党的七大通过的党章在总纲和条文中都明确了毛泽东思想作为党的指导思想，坚持不断努力学习马克思列宁主义和毛泽东思想,领会其中的内涵,是每一个共产党员的任务。

抗战时期党内法规建设除了规定思想建设的基本原理以外，还规定了党的思想建设的基本内容和根本任务。

首先,用马克思列宁主义理论武装全党,树立无产阶级立场和世界观。如何对待马克思列宁主义,中国共产党曾一度犯过严重的教条主义错误。党的六届六中全会上毛泽东在强调用马克思列宁主义武装全党的同时，进一步提出了“马克思主义中国化”的命题,要求实现马克思列宁主义理论的具体化。在《中共扩大的六中全会政治决议案》中也指出,要着重提高全党党员干部的理论水平,既要学习马克思列宁主义,又要学会运用,“学会灵活地把马克思列宁主义及国际经验应用到中国每一个实际斗争中来”。同时,强调要研究中国历史,研究三民主义,提高全党的文化水平。在整风运动期间,关于党员干部学习的法规文件中也对思想建设的基本内容进行了详细规定。要求党员干部的思想教育,不仅要学习马克思列宁主义,而且要注意与中国革命实际相结合,既要研究历史,又要研究现状,同时要借鉴国际上的革命经验,学会用科学的世界观和方法论来处理中国的问题。

其次,必须坚持实事求是的思想路线。关于“实事求是”,毛泽东在《改造我们的学习》中进行了详细阐释。“实事”就是客观存在着的一切事物,“是”就是客观事物的内部联系,即规律性,“求”就是我们去研究。[①]坚持实事求是的思想路线,就是将中国革命实际问题作为问题的中心,坚持马列主义基本原则为基本的方法论工具，严禁将马克思列宁主义与中国革命实际割裂开

① 《毛泽东选集》(第一卷),人民出版社,1991 年,第 306 页。

来,片面孤立地研究马克思列宁主义。1941 年 8 月 1 日中央制定了《关于调查研究的决定》。《决定》继续针对党内存在的主观主义和形式主义,要求领导机关做调查研究,重申没有调查就没有发言权,并且将主观主义作风与党性相联系。之后,中央又制定了《关于实施调查研究的决定》规定了具体的实施办法。经过延安整风运动,实事求是的思想路线在党内得到确立。

最后,积极地开展思想斗争。关于思想斗争的重要性,毛泽东在 1937 年 8 月为克服教条主义写的《矛盾论》中就指出,"党内不同思想的对立和斗争是经常发生的","党内如果没有矛盾和解决矛盾的思想斗争,党的生命就停止了"。在整风运动期间,更是强调"主张积极的思想斗争",因为只有思想斗争才是达到党内团结的武器。在扩大的六届七中全会通过的《关于若干历史问题的决议》,针对在党的历史上曾经有过的反对陈独秀主义和李立三主义的斗争,认为完全是必要的,今后仍然进行积极的思想斗争,使党内思想统一于马克思列宁主义。通过积极的思想斗争解决党的历史问题,可以说是中国共产党思想建设的一大创举。

抗战时期党内法规建设中创造了"整风"这种思想建设的形式。遵义会议后,党内存在的不正确的思想,基本得到了遏制,但是仍然存在着主观主义、宗派主义。为了彻底清除党内存在的错误思想,毛泽东在 1941 初年《改造我们的学习》报告中,提出了反对主观主义的任务。9 月 26 日,中共中央通过了《关于高级学习组的决定》,在中央和各抗日根据地建立高级学习组,开始在党的高级干部中整风。毛泽东在 1942 年 2 月发表了《整顿党的作风》和《反对党八股》两篇演说后,整风运动开始在全党内展开。4 月 3 日中央宣传部又发布了《关于在延安讨论中央决定及毛泽东整顿三风报告的决定》,对整风运动的任务、目的和方法等作了明确规定。6 月 8 日,中央宣传部又发出了《关于在全党进行整顿三风学习运动的指示》,各抗日民主根据地的政府陆续展开。1943 年 4 月 3 日中共中央发布了《关于继续开展整风运动的决定》,在继续纠正党内干部中非无产阶级思想的同时,开始肃清党内反革命分子,整风运动进入审查干部运动。其间出现了“抢救运动”的错误,但很快得到了纠正。直到1945年4月党的六届七中全会,对党的历史、思想问题和历史经验做了详细的结论,全党才在思想上达到了高度统一,整风运动至此结束。“整风”是党的思想建设上的重要尝试,党的一系列法规文件规定了“整风”的内容和形式,规定了发生、发展和结束的过程,创造了“整风”这种思想教育的形式。整风运动是全党的一次普遍的教育运动,确立了实事求是的思想路线,第一次实现了“马克思主义中国化”,产生了“毛泽东思想”的理论形态,实现了毛泽东思想和毛泽东领导地位的统一,为党赢得中国革命的胜利奠定了坚实的思想基础。

二、加强党的宣传鼓动工作

抗战以来,统一战线政策的制定,党的组织和党员大量发展,党的宣传工作有了更大的空间,虽然党的宣传工作相比过去有了许多显著的收获,但是宣传工作明显落后于党的组织的发展。为了加强党的宣传工作,党中央、中央宣传部等机构制定了党的宣传工作方面的党内法规,充实健全党的宣传组织体制及宣传工作,规范党的宣传鼓动工作。

充实和健全党的宣传组织体制及宣传工作的内容。早在党的六届六中全会通过的《关于各级党部工作规则与纪律的决定》中就制定了在区委以上各级党的委员会之下设立宣传部的规定。宣传部除了要对外管理宣传,对内管理教育外,还有负责指导党所领导的报纸、学校、训练班等。1939年5月中央书记处又专门发布了《中央关于宣传教育工作的指示》,要求在地方党的宣传部下设立宣传委员会,并详细规定了宣传委员会的职责。首先,要统一宣传教育工作的领导,根据形势的变化制定正确的宣传内容和形式。其次,要经常检查宣传内容和方法,及时改正问题和缺陷。最后,要正确的解释和贯彻上级的指示。针对宣传工作落后于党的发展和革命的发展,各级宣传部门的组织不充实和工作不健全等问题,中央宣传部于1940年10月14日又制定了《关于充实和健全各级宣传部门组织及工作的决定》。

《决定》分析了党内存在的“重组织轻宣传”的倾向和不清楚宣传工作的范围问题,对党的宣传工作的范围进行了界定,主要包括指导和宣传革命的理论与政策,以及日常的群众鼓动工作。具体包括党外的宣传鼓动工作,党内的教育工作、国民教育工作、文化活动、党报的出版与发行,以及各种书籍教材编审和出版,研究敌人与同盟者的政治动向及宣传工作,提出我们的宣传政策,影响和指导非党的文化、教育、宣传、鼓动等机关或组织。

《决定》规定了各地党组织宣传部下组织部门的详细情况。在各根据地的中央局、分局、区党委或省委宣传部下设立宣传科、教育科等科室,同时设立党报和文化委员会。在地委和县委下分设宣传科、教育科。秘密党组织的宣传部机构,以隐蔽精干为原则,建立适合秘密组织的工作机构。军队中的宣传组织机构注意将宣传工作和教育工作分开即可。

《决定》认为充实和健全宣传部门及工作的中心问题是干部问题,必须对党的宣传部门的干部进行审查,训练各方面的宣传鼓动工作的干部,特别是中级以上干部。但要执行隐蔽政策,注意爱护和保存干部。除此之外,《决定》指出了各级宣传部门的领导方式和工作方式中应注意的问题:要制定工作规划,消灭自流主义;推动和督促宣传部门建立自己部门的经常工作和本职工作;密切各级宣传部门的上下级关系;尽可能地与各种非党的宣传机关及文化教育团体建立必要的联系。

1943年3月中共中央发布了《关于中央机构调整及精简的决定》,规定在中央政治局和书记处之下设立宣传委员会,并做出了以毛泽东为书记的人事安排。宣传委员会作为助理机关,主要负责宣传教育方面的管理和研究具体的政策，向政治局和书记处提供提案和意见。宣传委员会管理中央宣传部、中央党校和报社等，取消了中央党报委员会。在七大通过的党章中又规定了在中央委员会之下设立宣传部和党报委员会，以党内最高法规的形式确立了党的宣传组织体制。

规范党的宣传鼓动工作。为了进一步加强党的宣传工作，中央宣传部于1941年6月20日制定了《关于党的宣传鼓动工作提纲》，明确规定了宣传鼓动工作的任务和活动范围，指出了宣传鼓动工作在基本原则上与其他政党的区别，以及党的详细的基本原则，详细阐述了党的宣传鼓动工作的具体方法。首先，具体阐述了党的宣传鼓动工作的具体任务，包括两方面：一方面对共同思想的联合，即宣传党的理论、纲领、战略和策略，使全党和全国人民有共同的思想；另一方面对敌进行思想斗争，即动员全国人民为实现革命的彻底胜利而奋斗。宣传鼓动工作的具体范围，包括一切理论、主张、文化、文艺等思想意识方面的活动。其次，在基本原则上，与其他政党的根本区别在于我们党坚持马克思主义为指导的原则。具体的基本原则包括必须根据党的路线和政策进行宣传鼓动工作；必须从客观的环境和实际情况出发，避免教条主义；必须注意区分不同情况下的宣传鼓动工作；必须依据群众的文化水平和觉悟程度来开展宣传鼓动工作；必须善于建立广泛的统一战线，建立同盟军；必须善于使用一切宣传鼓动形式，既可以通俗，也可高级；必须善于借用一切宣传鼓动工具。最后，宣传鼓动工作的一般方法，必须注意你要讲什么？对什么人讲？达到什么目的？怎么讲？留心群众的反映等。另外，《提纲》规定了群众鼓动工作的任务和党的文化运动的任务，以及报纸、刊物、通讯社及出版工作的任务。除此之外，还分析了党的宣传鼓动工作的特点，区分了宣传工作与鼓动工作之间的区别，指出了干部的选拔培养以及与党的组织领导之间的关系等，对抗战时期党的宣传工作起到了规范作用和指导作用。

为了规范党的报纸杂志工作,1941 年 7 月 4 日,党中央专门制定了《中宣部关于各抗日根据地报纸杂志的指示》,对报纸杂志工作作出了专门指示,要求从中央局,中央分局到区党委,必须办面向区级以上干部、小学教员和一般知识分子的政治报纸,作为党、军、政、民的共同言论机关。同时还必须办一种面向党员群众的作为社会教育工具的报纸,承担启蒙任务。除此之外,还可办一种面向区级以上党的干部的党内刊物。其他的报纸杂志则要依靠人力、物力来决定,而不是勉强凑数。为了规范党务广播工作,1942 年 3 月 18 日中央书记处办公厅制定了《关于党务广播条例的通知》,对推广和改进党务广播工作,扩大党务广播影响范围和效能起到了重要作用。

三、完善党内教育工作

为了提高党的政治理论水平,思想上巩固党的队伍,培养掌握马克思列宁主义独立解决问题的工作干部,必须加强党内教育工作。党内教育工作是党的宣传鼓动工作的一个重要组成部分。1941 年 5 月 25 日,中央宣传部制定的《关于党的宣传鼓动工作提纲》中将党内教育分为三个主要部分,包括在职干部教育;支部教育或普通党员的教育;党校,党的训练班及政治学校。针对这三个部分,党中央分别制定了单独的党内法规予以规范。

关于在职干部教育工作。随着党员干部数量的大量增加,干部教育工作成为抗战初期党的重要任务。早在《扩大的六中全会政治决议案》中就指出,要教育和爱护干部,并且制定了一系列正确的干部政策,形成了完整的干部理论。为执行决议案,加强干部教育,中央书记处于 1940 年 1 月 3 日制定了《中央关于干部学习的指示》,规定了学习的主要内容和具体课程,要求干部既要学习马列主义理论,又要研究马列主义如何在中国的具体运用。同时要求各级主要领导干部必须以身作则,建立在职干部平均每日学习两小时的制度，把干部教育摆在党的重要工作的地位上来。3月20日中央书记处再次发出《中央关于在职干部教育的指示》的补充指示，将干部分为四类，并且针对每一类干部分别制定了不同的课程，在平均每日两小时学习制度的基础上，建立学习小组，以座谈会的形式每月开讨论会两次，以5月5日为学习节，以总结经验和举行奖励。8月13日，为贯彻抗战三周年纪念日通过的《关于目前形势与党的政策的决定》中加强策略教育的规定，中央宣传部制定了《关于加强干部策略教育的指示》。《指示》强调了加强策略教育的重要性，就策略教育的材料，秘密环境中的策略教育以及在课程中充实策略教育等方面做出了明确指示。

10月20日，为进一步克服在职干部教育中存在的问题，提高干部学习质量，中央宣传部发布了《关于提高延安在职干部教育质量的决定》。《决定》指出，我们党在干部教育上有了很大进步，建设了“小组与大课相辅而行，指导员与支部教育干事相结合，巡回教育制与顾问团制，研究组与研究会推行，一般大讲演与教育干部中策略教育的开始”[①]等教育制度，创造了“学习小组”等学习方法，但仍然存在“策略教育不够，学习不深入，没有养成独立思考问题的习惯”等弱点。为加倍提高教育质量，必须加强策略教育；养成细心阅读和独立思考的习惯；加强学习的指导；及时解答疑问和争议；研究总结教授方法、研究方法和学习方法；着重对教学质量与研究方法进行检查；既要理论学习，又要担任实际工作等。

10月25日，中央宣传部又制定了《关于大后方党的干部教育的指示》，着重解决如何在秘密环境中给予干部教育的问题。《指示》将秘密环境下干部教育分为三类：第一类是党的建设和党的策略的教育。此类只能经过党的秘密组织的系统进行，而秘密训练班的形式一般不宜采用；第二类是一般的

① 《中共中央文件选集》(第12册)，中共中央党校出版社，1991年，第524页。

政治的和理论的教育，应尽量利用公开的、合法的、现成的条件与方式，但不可超过可能的限度，以便利用这些条件和方式更合法，或完全合法；第三类是文化教育，包括文字及自然社会的常识。此类主要应用公开合法的方式，如识字班、农校、补习班等。一切大后方的干部教育要以不妨碍党的隐蔽政策和党的工作为原则。

10月26日，中央宣传部又连续制定了《关于抗日根据地在职干部教育中几个问题的指示》，对各抗日根据地干部教育各自为政问题、使用教材等具体问题作出了明确指示。整风运动期间，干部教育成为全部教育工作中的首要任务，党中央和毛泽东总结过去干部教育中的经验，强调要改革和加强干部教育。为深入研究中国革命基本问题，提高党内高级干部的马克思主义理论水平和思想政治水平，中共中央于1941年9月26日发布了《关于高级学习组的决定》，开始了党内高级干部的学习运动。整风运动期间，关于在职干部教育进入了高潮阶段，1942年2月28日中央政治局又通过了《关于在职干部教育的决定》，进一步将在职干部教育细化，分为业务教育、政治教育、文化教育和理论教育四种，强调一切在职干部都要进行业务教育和政治教育，施行“做什么，学什么”，以及时事教育和一般政策教育，反对轻视文化教育的错误观点，而对于高级及中级干部均应进行理论教育。同时强调在职干部教育是长期的，以不妨碍业务工作和干部健康为原则。建立在职干部教育考核测验与赏罚制度。抗战时期，党通过制定一系列干部教育法规文件，建立了完整的干部教育制度体系，为党培养了大量优秀干部。

关于支部教育或普通党员的教育工作。支部教育是党的基础工作之一。在大革命时期，中国共产党就强调要加强党的支部教育。土地革命时期，特别是毛泽东提出“支部建在连上”后，党的支部教育越来越受到重视，成为中国共产党教育体系中不可缺少的关键环节。抗战初期，各抗日根据地意识到了党支部的教育的重要性，做了许多工作，但是缺乏明确的教育方针和计划。

为此,中央宣传部于1940年10月17日制定了《关于各抗日根据地党支部教育的指示》,详细规定了支部教育的方针、计划、内容、教育的方式与方法等,对抗战时期党支部教育制度建设起到了重要作用。《指示》规定支部教育的方针,首先,要提高支部干部和普通党员的文化水平,提高党员的文化素质。其次,要使党员懂得一个共产党党员的标准,懂得如何做好党员。再次,使党支部熟悉支部工作以及如何做好乡村工作。最后,积极培养干部,使支部进行正常的自我教育。《指示》除了制定了教育方针,还规定了教育计划,在文化教育上,一般标准是从文盲到半文盲,从半文盲到消灭文盲;在普通党员的政治教育上,包括如何做一名共产党员,党支部本身的工作,如何执行党的统一战线政策,进行乡村工作,以及争取敌伪工作和临时性策略教育;在支部干部的政治教育上,党章的教育,政治常识的教育,进行根据地建设的初步教育,进行游击战争的知识教育和突发性、临时性的策略教育。《指示》规定了支部教育教材为区委组织的临时性的策略教育教材和由中央局或分局组织的文化课与政治课的教材,在内容配备上应注重理论联系实际,量上由少到多,质上由浅入深等。《指示》指出支部教育的方式包括对支部干部的训练,采取训练班和教育团两种形式相辅而行;对普通党员的教育,采取巡回教育和流动训练班方式;党的小组要具有学习小组的作用,每月一次至两次的学习会形式。《指示》指出支部的教学方法上,采用教与学相结合,即讲授、回答、辩论和复习统一为一个过程,灵活运用。在1941年6月20日《关于党的宣传鼓动工作提纲》中进一步明确了支部教育或普通党员教育的定位。首先要使每个党员了解做一名共产党员的基本常识,即共产党是什么,有什么样的权利、义务,必须具有什么资格,党的纪律是什么等,进而了解党的理论和党的纲领。最后,有机会有步骤地加强党的决议和策略教育。在党的七大通过的党章中,正式规定了党的基础组织为党的支部,对党的支部的设立、党支部的任务,进行了详细规定。其中一项重要的任务就是要教育党员,组织党员的学习。

关于党校,培训班及政治学校工作。创办党校、办培训班及政治学校是党内教育的重要组成部分,对提高政治理论水平,培养党员干部是非常必要的。早在大革命时期,党的四大通过的《宣传工作的决议案》中就要求设立党校,以便有系统的教育党员。之后在党的法规文件中多次提到开办党校来培养党的干部和教育党员。但由于大革命时期党所处的恶劣环境,仅仅党校教育并没有形成规模,有的也只开办了几期就被迫停办了。进入土地革命时期,中央苏区创办了马克思共产主义学校和苏维埃大学等正规学校,用来对党员干部进行系统的、大规模的教育培训,为党培养了大批革命的干部人才。抗战时期,随着党员的大量增加,六届六中全会政治决议案中,党中央就要求大量设立各级培养干部的学校和培训班,培养有声望和信仰的领导人才。1939 年 5 月 17 日中共中央在《关于宣传教育工作的指示》中就规定,“县委以上的各级党委应经常开办各种干部训练班”①,培训的内容应当以马列主义基本知识、党的建设与游击战争为中心。1940 年 2 月 25 日,中央发布了《关于办理党校的指示》要求各地党的领导机关均应办理党校以加强对干部的马列主义教育,各地党的领导机关依环境办理党校和训练班。主要包括训练中级干部、训练区级干部和训练初级干部的党校。以上党校的办理单位分别由中央分局办理,省委、区党委、地委办理,地委、县委办理。训练期间分别为两星期至两个月、三个月到六个月、半年到一年。同时指示规定了党校的基本任务、教学形式、教学方法、基本原则和党校的领导体制等。

《指示》对党内教育的系统化、体系化起到了重要作用,但是也存在着学习与实践相脱离的问题。为此,中共中央政治局 1941 年 12 月 17 日通过了

① 《中共中央文件选集》(第 12 册),中共中央党校出版社,1991 年,第 72 页。

《关于延安干部学校的决定》。《决定》针对目前延安干部学校存在的问题，主要包括党校教育在理论与实际、所学与所用上相脱节，存在着主观主义、教条主义的缺点并进行了纠正。为纠正这些缺点，《决定》要求党校教学，在课程教材上，教授马列主义理论的同时要增加中国历史、中国情况及党的历史与党的政策教育；在教授方法上，坚持理论与实际一致原则；改革教学组织，加强对各校的具体领导；根据新标准审查，提高教学质量；改善各校学生生活及教育设备等。《决定》指出除适用延安外，适用各抗日根据地的干部学校教学。

第四节　党员干部法规

党员干部法规是抗战时期中国共产党党内法规的重要组成部分。抗战时期是党员和干部队伍建设的重要时期，其间大量青年学生和知识分子加入党的队伍。中国共产党紧紧抓住这一关键机遇，制定了诸多针对党员和干部的党内法规，对于规范党员条件和行为，发展党员和巩固干部队伍起到了重要作用。并且在此基础上形成了独具特色的干部路线和干部政策，为中国共产党赢得抗战胜利和解放战争的胜利提供了人才资源储备。这一时期党员干部法规包括：《中央关于恢复党籍及重新入党问题的第一次通知》(1937)、《中央关于大量发展党员的决议》(1938 年)、《中央关于征收党费的通知》(1938)、《中央关于恢复党籍及重新入党问题的第二次通知》(1938)、《中央关于大量吸收知识分子的决定》(1939)、《中央关于巩固党的决定》(1939)、《中央关于审查干部问题的指示》(1940)、《中央关于党员参加经济和技术工作的决定》(1941)、《中央关于增强党性的决定》(1941)、《中央关于地方及军队中各级党部取消、改正和停止党员处分手续的决定》(1941)、《中央关于过去履行出狱手续者暂行处理办法》(1941)、《中共中央关于审查干部的决定》(1943)。

一、大量提高党员干部数量

抗日民族统一战线确立后，党中央在洛川会议上进一步制定了开辟敌后战场,建立敌后抗日根据地的任务。由于根据地的迅速开辟和对敌战争的开展,党员干部数量远不能满足需要,例如在初期的晋冀豫边区,只有党员三十多人,军队也不过几千人;在鲁西北地区,党员也非常少,为发展党员和培植党的干部,初期多采用行政办法,自上而下的成立各种组织,从中发现积极分子，对积极分子初步培训以达到党员的要求。为了恢复各地方党组织,针对党员的党籍和重新入党问题,中央书记处发布了《中央关于恢复党籍及重新入党问题的第一次通知》,要求均需依据党的原则和党的章程重新审查和决定。在初期发展党员干部上,部队起到了重要作用,一方面在没有地方党组织的地方,建立地方党部,发展党员,另一方面组织群众和领导群众健全地方政权。

虽然在抗战前期党员干部队伍得到迅猛发展，但是面对艰巨的抗战任务,党员和党组织的发展远远没有达到党开展活动需要的要求,党仍然局限在狭小的范围内,许多地区仍然存在没有党组织活动的问题。为此,中共中央于 1938 年 3 月 15 日发布了《关于大量发展党员的决议》指出了发展党员的有利条件和当前的主要任务,并且提出了发展党员的具体方法。《决议》指出,由于日本帝国主义入侵中国,民族矛盾上升为主要矛盾,而此时抗日民族统一战线已经确立，党的合法性得到承认，在人民群众中的威信也提高了,人们纷纷要求加入中国共产党是当前的有利条件。《决议》指出,为了战胜日本帝国主义,需要大量的党员和党组织支持,而此时党的力量仍然非常弱小,必须十倍百倍地发展党员,这是当前的主要任务。针对如何发展党员,

《决议》指出，首先，要打破发展党员中的关门主义倾向，把主要精力放在吸收新的积极分子上。其次，要大胆地发展工人、雇农、学生和知识分子。同时要注意在下级官兵中发展党员，扩大党的无产阶级基础。再次，在前线注意吸收新党员，建立党的组织，而在敌后要有计划地迅速建立和发展新的党组织。在敌占区，注意建立秘密的精干的党组织为主。最后，重新调整了新党员候补期的规定。“工人雇农不要候补期，贫农，小手工工人一个月，革命学生，革命知识分子，小职员，中农，下级军官三个月，但在特殊情形之下得伸缩之。”①

除此之外，《决议》要求对新党员以初步的马列主义与党的建设的教育，把发展党员作为各级党部经常的重要工作之一。这个决议是抗战初期党中央作出的重大的决策之一，对迅速适应抗战形势起到了重要作用。为了更好地执行《决议》，针对党费问题，党中央制定了《关于征收党费的通知》，纠正了各地组织中存在的不征收或不交党费的问题。针对党员恢复党籍中存在的现实问题，中央于 1938 年 5 月又发布了《关于恢复党籍及重新入党问题的第二次通知》，为党员管理和发展党员提供了有利条件。

针对发展知识分子党员问题，党中央虽然已经做出了明确指示，但在党内仍然存在对知识分子的偏见问题。为此，毛泽东和党中央为破除知识分子入党的关门主义倾向，做了大量工作。1939 年 12 月 1 日，毛泽东以中央名义向全党正式发出《关于吸收知识分子的决定》，这是中国共产党第一个论述知识分子政策的党内法规文件，使党的知识分子政策趋于完备。《决定》指出了知识分子在中国革命中的重要地位、作用和当前存在的问题及原因。知识分子的重要地位是由于当前的革命斗争决定的，共产党只有善于吸收知识分子，才能发展革命的统一战线，没有知识分子参加，革命是不可能胜利的。

---

① 《中共中央文件选集》(第 11 册)，中共中央党校出版社，1991 年，第 467 页。

当前存在的主要问题是,没有认识到知识分子的重要性,存在恐惧和排斥知识分子的心理。产生这种问题的原因是没有认识到知识分子之间的不同,殖民地半殖民地国家的知识分子是被剥削、被压迫的,不同于资本主义国家的知识分子。即使在半殖民地半封建社会,知识分子之间也大不相同,有的是为地主阶级服务的,而有的是为工农阶级服务的。《决定》指出了吸收知识分子入党应注意的问题:首先,对于愿意抗日的比较忠实的能吃苦耐劳的知识分子,多吸收入党,在教育的基础上按照入党的基本条件吸收入党,对于不能入党的或不愿意入党的也要建立良好的工作关系;其次,注意拒绝敌人和资产阶级政党派来的知识分子和不忠实的知识分子,采取严肃态度,坚决洗刷出去;再次,对于忠实的知识分子,要好好教育,帮助他们克服弱点,分配合适的工作,以实现革命化和群众化,而对于工农干部,实现工农干部的知识分子化和知识分子的工农群众化;最后,对于国民党统治区和日寇占领区的知识分子,更多的注意其忠实程度,保证党的组织的严密。《决定》最后指出了土地革命时期存在不正确的对待知识分子问题,强调那种政策决不能重复,知识分子是革命的重要力量,无产阶级自己的知识分子也需要社会原有知识分子的帮助。这个《决定》使党的干部结构得到优化,大大提高了党员干部的理论水平和素养,提高了党的工作活动能力。

为了更好地执行发展党员政策,党中央在 1941 年 7 月 15 日和 22 日分别制定了《中央关于地方及军队中各级党部取消、改正和停止党员处分》和《中央关于过去履行出狱手续者暂行处理办法》,对取消党员处分和过去履行出狱手续者,仅仅填写悔过书声明脱党反共者,制定了详细的政策,这对团结党员、发展党员起到了重要作用。

二、形成比较系统的干部队伍建设方针

抗战时期是中国共产党走向成熟的时期，面对抗战形势和任务的需要，中国共产党在总结大革命时期和土地革命时期党的干部队伍建设"左"的错误经验教训基础上，将马克思主义基本原理与中国实际相结合，通过制定相关的党内法规文件，规定了独具特色的干部路线、干部政策、干部标准和党管干部原则，形成了干部队伍建设方针体系。

遵义会议为纠正党的"左"倾错误，施行正确的干部路线奠定了基础。虽然不再像以前"左"倾错误期间"残酷斗争，无情打击"，但是并没有完全纠正党的干部政策上的错误。1935 年 12 月，中共中央在瓦窑堡召开政治局扩大会议，通过了《中央关于目前形势与党的任务的决议》。《决议》继续纠正"左"倾路线下"左"的干部政策，强调党的干部的重要意义，没有党的领导干部作为"枢纽"，党领导的革命战争"是不可能成功的"。在培养干部上，强调从斗争中去学习。对待干部思想上和工作上的错误，不轻易打击，不乱扣帽子，而是以说服教育为主。这一系列正确的干部政策标志着党的干部路线转入了正轨。在 1937 年 5 月延安召开的党的苏区代表会议上，毛泽东在总结会议的结论中，进一步阐述了干部问题，指出了伟大革命中党的干部的标准，是"党在正确的组织路线指导下第一次作出正确的干部路线"[①]。

抗战时期，党中央高度重视干部问题，形成了比较系统的干部队伍建设方针。1938 年 10 月，党的六届六中全会上通过的《中共中央扩大的六中全会政治决议案》指出，完全同意毛泽东报告的中央政治局的政治路线和具体工作。毛泽东在《新阶段》的政治报告中强调了党的干部的重要性，首次明确提

① 赵生晖：《中国共产党组织史纲要》，安徽人民出版社，1988 年，第 127 页。

出了党"任人唯贤"的干部路线,"德才兼备"的干部标准和科学合理的干部政策。关于干部的重要性,毛泽东提出"政治路线确定之后,干部就是决定因素"。与此同时,毛泽东提出了"任人唯贤"的干部路线,"以能否坚决地执行党的路线,服从党的纪律,和群众有密切的联系,有独立的工作能力,积极肯干,不谋私利为标准"[①]。至此,党的干部路线正式确立。关于干部标准问题,毛泽东早在1937年5月苏区代表会议上就进行了初步阐述。之后又在党的六届六中全会上,进一步概括为"才德兼备"[②],一方面要看干部的理论水平,即文化修养、业务素质和工作能力;另一方面要看干部的政治态度,即思想修养、道德水平和工作作风。

关于科学合理的干部政策, 毛泽东在政治报告中进行了详细阐述,第一,要善于识别干部,要全面的、历史地看待干部,不要看干部的一时一事;第二,要善于使用干部,领导的责任主要包括"出主意"和"用干部",一切计划、决议、命令等的制定属于"出主意",而使这些意见得以施行,必须团结干部,推动他们去执行,这就属于"用干部";第三,要善于爱护干部。首先,要给他们予以指导,让他们大胆地去工作,敢于负责,充分发挥他们在党的正确路线下的积极性;其次,要提高他们,给他们学习的机会,教育他们,提高他们的理论水平和工作能力;再次,要经常性地检查监督他们,帮助他们总结正确的经验,改正错误,而不是犯了错误责怪他们;从次,要正确地对待犯错误的干部,采取说服的方法为主,但对于犯了严重错误又拒绝改正的,要坚决地斗争;最后,积极地给予干部适当的照顾,特别是对于有疾病和家庭困难的干部。除此之外,针对过去党内存在的山头主义和宗派主义,为了团结党员干部, 清除党内存在的山头主义和宗派主义的残余, 毛泽东还提出了

① 《毛泽东选集》(第二卷),人民出版社,1991年,第527页。

② 注释:1938年党的六届六中全会上,毛泽东在《论新阶段》的报告中首先提出了"才德兼备"的干部标准,后来逐渐改为"德才兼备",二者实际上是相同的。

“五湖四海”的干部方针，进一步丰富了干部队伍建设的理论。这次会议上通过的决议，解决了党在干部路线上存在的迫切问题，形成了比较系统的干部队伍建设方针，为今后规范党的干部队伍建设提供了理论指导。

抗战时期，党管干部的原则在党内法规中最终得以体现和正式确立。在大革命时期和土地革命时期，党管干部原则就得到初步确立，主要体现在管理干部和分配党的干部工作上。党的二大通过的《中国共产党章程》中规定“由地方委员会指定若干人为该机关各组之干部”，“干部人员由地方执行委员会随时任免之”①。这两条内容规定了地方党的委员会在管理干部上的权限，体现了最初的党管干部原则。1927 年 9 月，毛泽东在江西永新县三湾村，领导了“三湾改编”，创造性地确立了“支部建在连上”原则，保证了党对军队的绝对领导，之后又提出了党要领导政府，进一步发挥了党在军队和政府中管理干部中的重要作用。党的六大制定的《中国共产党章程》中还规定，凡政府机关和其他群众组织机关中各种职务的人选，需经过当地党委同意后再由该组织的党团提出。这些规定初步确立了党管干部原则，是党管干部原则的最初形态。

抗战时期，中共中央通过一系列的党内法规文件，建立了管理干部的机构和党组织向政府输送干部的方法，正式确立了党管干部原则。1937 年 8 月 1 日，中央组织部通过了《关于改编后党及政治机关的组织的决定》，规定了组织部的工作职责，即“负责党的工作和干部的审查与政治干部的配备之责”②。1938 年 11 月，党的六届六中全会通过的《关于各级党委暂行组织机构的决定》进一步明确了各级党委之下的组织部的职责，即“管理组织的发展，党员登记、干部考察、征调和分配及征收党费等”③。从 1940 年 10 月至 12

① 《中共中央文件选集》(第 1 册)，中共中央党校出版社，1989 年，第 94~95 页。

② 《中共中央文件选集》(第 11 册)，中共中央党校出版社，1991 年，第 315 页。

③ 《中共中央文件选集》(第 11 册)，中共中央党校出版社，1991 年，第 771 页。

月，中央军委总政治部连续四次发布关于干部工作的指示，对干部工作原则、干部政策与教育、干部提升与审查、干部团结等分别作出详细规定，党管干部的原则得到具体化和细致化。针对党组织向政府输送党员干部问题，中央于1942年发布了《关于目前根据地党政军民干部条件的指示》规定："各级党委必须将必要数量有能力的干部派到政权机关去工作。"[①]为加强党的领导，实现党的领导的统一，1942年9月1日中共中央政治局发布了《关于统一抗日根据地党的领导及调整各组织间关系的决定》，制定了党的一元化领导原则，党领导一切其他组织，党的中央代表机关及各级党委为最高领导机构，党通过党员和党团实现对政府机关的领导，党必须派遣得力的干部到参议会及政府中工作，通过"三三制"原则，党向政府输送党员干部的方法更加制度化。为了实现干部的团结，避免宗派主义、小团体主义和本位主义倾向，中央军委发布了《关于干部交流的建议》，建立干部交流制度。这一制度促进了干部的团结，避免了内部消耗，进一步体现了党管干部原则。总之，受战争环境的影响，党管干部原则主要体现在干部任命和调配上，并且大多通过军事命令完成，提高了党的工作效率，促进了党的任务的完成。

三、巩固党，增强党性

自1938年3月中共中央发布大量发展党员的决议以来，党员和党组织数量大大增加，许多优秀的知识分子加入中国共产党，各地党组织也纷纷成立，为执行抗战任务做出了重要贡献。但是在发展党员上也存在过急过快，搞突击运动，盲目追求新党员数量的错误，导致有些普通抗日分子和暂时同路人，进入党内，甚至有些异己分子，投机分子和奸细，混入党内。一方面，损

① 陈凤楼：《中国共产党干部工作史纲(1921—2011)》，党建读物出版社，2012年，第54页。

害了共产党员的先锋模范作用,混淆了党组织与一般抗日团体的区别;另一方面,使民族敌人和阶级敌人有机会破坏党,影响了党的组织的巩固。为此,中共中央政治局于 1939 年 8 月 25 日制定了《关于巩固党的决定》规定了巩固党的任务,要求在思想上、政治上巩固党。《决定》规定:第一,今后一定时期党的中心任务是整理紧缩严密和巩固党的组织工作, 党的发展一般的应当停止;第二,个别的详细的慎重的审查党员成分,清刷混入党内的异己分子,投机分子和敌探奸细;第三,有计划有系统的加强普通党员的教育工作,使党员正确处理马列主义与三民主义、统一战线与阶级斗争、民族立场与阶级立场的关系;第四,正确处理新老干部关系,加强党的各级干部的教育工作,提高干部的政治水准与工作能力;第五,加强党的保卫工作和反奸细斗争;第六,加强党的秘密工作,正确处理秘密工作与公开工作的关系;第七,提高党的纪律和加强党的团结,确保全党在思想上、行动上保持一致。

《关于巩固党的决定》纠正了发展党员干部过程中的错误,极大地提高了党组织的凝聚力和战斗力,为党在思想上、政治上、组织上的布尔什维克化打下了坚实基础。1939 年 10 月 7 日中央组织部发布了《关于执行中央巩固党的决定的指示》,要求问题严重的地区审查干部和党员等。同年 10 月 10 日,中共中央又制定了《关于反奸细斗争的决议》,要求及时清除党员干部队伍中的奸细。在巩固党的同时,党中央对党员干部质量提出了要求,中共中央于 1941 年 5 月 1 日专门制定了《关于党员参加经济和技术工作的决定》。决定指出了经济和技术工作的重要性,是革命工作中不可缺少的部分,要求党员一方面要学习理论,另一方面要参加实际工作,党员必须向非党和党的专家学习经济和相关技术。

为了巩固党的组织,中共中央专门制定了审查干部的党内法规。1940 年 8 月 1 日《关于审查干部问题的指示》发布。《指示》指出"干部的政治品质是否纯洁,以及干部工作是否分配恰当,这对于保障党的路线的执行,是具有决定意义的"[①],体现了当前开展审查干部工作的重要作用。同时强调对干部的审查,考察与教育是当前的一个重要的工作,是巩固党的重要组成部分。《指示》规定设立干部科和经常的任务,明确了干部科的科长和工作人员的要求。在区党委、地委和县委,以及军队各级政治部下和军事学校内设立干部科,进行统一的有机会的审查,配备和提拔干部。干部科科长由党委和政治部的组织部长兼任,工作人员必须是绝对忠实的党员。干部科经常的任务包括:从历史和现实的角度审查干部的政治素质;审查干部的品质和能力,适当统一配置干部,淘汰坏分子;从实际工作中审查干部,及时大胆地提拔积极分子;不以党员的社会关系来评价党员是否纯洁,而以党员对这种社会关系的认识来决定党员是否对党忠实。

《指示》还规定了审查干部应注意的问题,包括不要超过上述范围来审查干部;特别注意干部在政治上对党对革命忠实的程度,注意研究干部的家庭背景和社会关系;坚决撤销政治上不可信赖的干部;而对于过去有过错误,现在积极而忠实的干部加强教育。《关于审查干部问题的指示》有效预防和清除了党内的敌对分子,对于党应对国内复杂的斗争形势起到了重要作用。整风运动期间,为了巩固党的组织,同样进行了一次审查干部的运动,但由于在审查干部运动中存在审讯逼供等错误,一大批党员和青年被打成国民党特务,造成了大量冤假错案。

为了纠正此次审查干部运动中的错误,中共中央于 1943 年 8 月 15 日制定了《关于审查干部的决定》。《决定》针对审查干部中的错误方针,即"逼、供、信",提出了"首长负责,自己动手,领导骨干与广大群众结合,一般号召与个别指导相结合,调查研究,分清是非轻重,争取失足者,培养干部,教育群众"[②]的具体方针和经验,并希望各地根据具体环境创造自己的经验。这些

① 《中共中央文件选集》(第 12 册),中共中央党校出版社,1991 年,第 444 页。

② 《中共中央文件选集》(第 14 册),中共中央党校出版社,1991 年,第 89 页。

具体方针是正确的，但是却指出“进一步审查一切人员”方针，导致“审干运动由机关内部的审查干部发展为工农商学兵广大群众性的反奸运动，由延安一定范围内的反特运动发展为全边区的斗争”[①]，造成了严重后果，破坏了党的团结。党中央和毛泽东很快意识到了此次严重的错误，12 月份连续发布指示，纠正错误。之后毛泽东先后三次作自我批评，特别是在党的七次代表大会上，毛泽东主动承担责任，做了检讨，并给被冤屈的同志赔礼道歉，最终取得了大家的谅解。

除了组织上巩固党，党中央还要求在思想上巩固党，增强党性。1941 年 7 月 1 日，在庆祝中国共产党成立 20 周年政治局会议上通过了《中央关于增强党性的决定》。《决定》指出了当前巩固党的主要工作，强调伟大而艰难的革命事业，必须要求党成为思想上、政治上和组织上完全巩固的布尔什维克的党，否则就不能实现伟大的历史任务，因此当前巩固党的主要工作是“要求全党党员，尤其是干部党员要更加增强自己的党性锻炼，……使全党能够团结得像一个人一样”[②]。同时《决定》还具体列出了各种违反党性的倾向，包括党员的“个人主义”“英雄主义”“无组织的状态”“独立主义”和“反集中的分散主义”。《决定》还阐释了各种反党性倾向的产生原因，一方面是因为在农村的大环境中，长期的游击战争导致的分散的独立活动，易于产生这种倾向；另一方面是因为党员成分多是小生产者和知识分子构成。《决定》列举了各种反党性倾向在思想上、政治上和组织上的不良表现，同时作出了克服反党性倾向的具体措施。强调坚持党的统一性、集中性和服从中央领导的重要性；强调要严格执行党的一切决议决定，坚决肃清阳奉阴违两面性倾向；强调要即时发现，即时纠正，不纵容错误继续发展。除此之外，强调要加强全党的纪律教育，经常用批评与自我批评的武器加强学习。要求从中央委员到各

---

① 赵生晖：《中国共产党组织史纲要》，安徽人民出版社，1988 年，第 182~183 页。

② 《中共中央文件选集》（第 13 册），中共中央党校出版社，1991 年，第 144 页。

党部领导,必须参加支部组织,过组织生活。《决定》出台以后,增强党性锻炼成为党的组织建设和思想建设的重要内容,对提高党员干部党性,统一全党思想起到了重要作用。

第五节 党的纪律法规

加强纪律建设是中国共产党取得抗战胜利的一个重要武器,也是中国共产党自身建设的一条重要规律。抗战以来,中国共产党高度重视党的纪律建设及其制度建设,除了专门制定了党的组织纪律和宣传纪律党内法规以外,在许多党内法规中涉及了党的政治纪律和廉洁纪律,丰富和发展了党的纪律建设的内容。同时规定恢复党的纪律检查机关,严格执行党的纪律。抗战时期党的纪律建设法规包括:《中共扩大的六中全会关于中央委员会工作规则与纪律的决定》(1938)、《中共扩大的六中全会关于各级党部工作规则与纪律的决定》(1938)、《中共扩大的六中全会关于各级党委暂行组织机构的决定》(1938)、《中央关于统一各根据地对外宣传的指示》(1941)、《中央关于发表有全国意义的通电、宣言与对内指示的规定》(1941)。

一、完善党的纪律建设的内容

作为无产阶级政党的中国共产党,严格的纪律是党的基本条件之一。中国共产党在反对日本帝国主义,建立和维护党的统一战线任务的过程中必须保持党的纪律。抗战时期中国共产党制定了专门的组织纪律法规和宣传纪律法规,除此之外,党的政治纪律和廉洁纪律也在党内法规中得到了体现。特别是新的党章的制定,党的纪律建设内容得到了丰富和发展。

中国共产党高度重视党的纪律建设,尤其是党的政治纪律,早在1927

年党的五大上党中央就明确提出了“政治纪律”的概念。抗战时期，党的纪律法规的制定使党的政治纪律内容得到明确，要求坚决执行党的路线方针政策，维护党的集中统一。1935 年 12 月中共中央在陕北瓦窑堡的政治局会议上，制定了抗日民族统一战线的政治路线。1937 年 8 月中共中央政治局在陕北洛川召开政治局扩大会议，会议制定了动员一切政治力量争取抗战胜利和建立敌后抗日根据地的任务，指明了党的任务方向。在 1938 年党的六届六中全会上，针对王明在长江局工作期间，对抗中央，不执行党的方针政策，破坏党的纪律的行为，毛泽东提出“谁破坏了这些纪律，谁就破坏了党的统一”。在通过的《扩大的六中全会政治决议案》中指出了党的团结统一的重要性，“共产党的团结统一，……是保证抗日民族统一战线向前巩固和扩大的基本前提，同时也是争取中华民族抗战胜利和实现建国大业的重要条件”。“每个共产党员应该爱护党和党的团结统一有如生命。”在《关于增强党性的决定》中指出的缺乏党性的表现中阐明了不遵守党的政治纪律的表现：“在政治上自由行动，不请示中央或上级意见，不尊重中央及上级的决定，随便发言，标新立异，以感想代替政策，独断专行，或借故推脱，两面态度，阳奉阴违，对党隐瞒。”[①]这一方面是缺乏党性的表现，另一方面也是不遵守党的政治纪律的表现。为此，《决定》强调要加强党的纪律教育，特别是统一纪律教育，因为这是取得革命胜利的重要条件。1945 年中国共产党第七次代表大会上通过的《中国共产党党章》中明确规定了党的政治纪律，“在党内不容许有离开党的纲领和党章的行为，不能破坏党纪、向党内独立性、小组活动及阳奉阴违的行为”，否则，要坚决清除出党。

党的组织纪律是处理党组织之间、党组织与党员之间关系的行为规范和准则，要求党组织和党员必须遵守。抗战时期中国共产党制定了专门的组

---

① 《中共中央文件选集》(第 13 册)，中共中央党校出版社，1991 年，第 145 页。

织纪律法规，特别是七大党章的修订使党的组织纪律得到进一步丰富和发展,其中最主要的就是坚持党的民主集中制。党的六届六中全会通过的《中共扩大的六中全会政治决议案》中强调,党员和各级领导机关要认真执行党的民主集中制。这是最根本的组织纪律,是全体党员和党组织必须遵守的基本准则。除此之外,党中央还制定了《中共扩大的六中全会关于中央委员会工作规则与纪律的决定》《中共扩大的六中全会关于各级党部工作规则与纪律的决定》《中共扩大的六中全会关于各级党委暂行组织机构的决定》三部关于党组织的纪律法规。其中《中共扩大的六中全会关于中央委员会工作规则与纪律的决定》中要求各中央分局必须完全执行中央委员会、中央政治局、中央书记处的决议和指令,不得有任何违反决议和指令的文字和行动。《中共扩大的六中全会关于各级党部工作规则与纪律的决定》中要求各地取得合法地位的党部,并能召集党的代表大会,应按照党章召集党的各级代表大会及党员大会,选举各级党的领导机关,施行严格的选举制,并规定了选举程序。而对于有不同意见的党员,可以向上级申诉,但在没有接到改变的指示前,必须服从上级决定。

在上下级关系上,为了统一党的领导,1942 年 9 月 1 日中共中央政治局于制定了《中共中央关于统一抗日根据地党的领导及调整各组织间关系的决定》。《决定》要求施行党的一元化领导,特别是在上下级关系上,严格执行下级服从上级,全党服从中央的原则。1945 年党的七大通过的《中国共产党党章》中详细规定了党的组织纪律,要求党员必须参加党的一个组织,并且参加其中的工作,严格服从党的决议决定,除此之外还要按时缴纳党费。党章规定党组织的纪律最主要的就是民主集中制原则，并且详细阐述了民主集中制的基本条件。七大党章制定的党的组织纪律,对全党保持行动上高度一致和加强党的组织建设起到了十分重要的作用。

党的宣传纪律是对党的各级组织和全体党员在宣传舆论方面的规定，

要求宣传党的理论、路线、方针和政策，为建立和维护党的统一战线，实现党的任务，创造良好的舆论环境。抗战时期，随着抗日民族统一战线的确立，党的合法地位得到确立。为了壮大党、发展党，中国共产党加强了党的宣传舆论工作，制定了专门的宣传纪律方面的党内法规。1941 年 2 月 2 日，中央书记处制定了《中央关于发表有全国意义的通电、宣言与对内指示的规定》，要求各中央局和各将领各级政治部在没有接到中央及军委及总政治部的指示前，一律不得发有全国意义的通电、宣言与对内的普通指示，在发表有全国意义的通电、宣言及对内指示前需先得到中央及军委同意。1941 年 5 月 25 日，中央书记处又制定发表了《中央关于统一各根据地内对外宣传的指示》，指示针对各抗日根据地对外宣传工作中的无政府状态问题，要求一切对外宣传均应服从党的政策与中央决定，各中央局、分局、省委和区党委，在未得到中央指示前，不得公开发言，以保障全党意见与步调一致。要求统一对外宣传工作于宣传部，宣传部要经常地检查和监督。

清正廉洁是共产党员的基本底线。抗战开始后，随着党员和党组织的大量增加，党中央对中国共产党党员的清正廉洁提出了更严格的要求。1937 年 8 月洛川会议上中共中央发布了《中国共产党抗日救国十大纲领》。纲领规定“实行地方自治，铲除贪官污吏，建立廉洁政府”的政策，建立“廉洁政府”成为抗战时期党的廉洁纪律的主要目标。毛泽东在党的六届六中全会政治报告中也指出：“共产党员在政府工作中，应该是十分廉洁、不用私人、多做工作、少取报酬的模范。”[①]为此，陕甘宁边区政府于 1938 年 8 月 15 日制定了《陕甘宁边区政府惩治贪污暂行条例》，经过修改之后，又颁布了《陕甘宁边区政府惩治贪污条例》，要求公务人员“公正廉洁、奉公守法”，从制度上杜绝党员干部贪污腐化。

① 《毛泽东选集》(第二卷)，人民出版社，1991 年，第 522 页。

群众纪律是党组织和党员开展群众工作中必须遵守的规范和准则，遵守群众纪律是中国共产党人的优良传统。抗日战争爆发后，为了争取更多的人民群众支持，建立最广泛的抗日民族统一战线，许多党内法规文件中都体现了党的群众纪律的规定。党的群众纪律就是要求党员和党组织坚持党的群众路线，坚持全心全意为人民服务的宗旨，维护人民群众的利益，接受人民群众的批评和监督。早在土地革命时期，中国共产党就制定了“三大纪律八项注意”的群众纪律，初步形成了党的群众路线。到了抗战时期，特别是整风运动期间，更加系统地提出了党的群众观点和群众工作方法。在党的七大党章中，最终确定了群众路线作为党的群众纪律的重要地位。七大党章在阐述党的群众路线的同时，明确申明了全心全意为人民服务的宗旨，要求党员必须认识到党的利益与人民群众利益的一致性，维护人民群众利益，自觉接受人民群众的批评。

二、恢复党的纪律检查机关

大革命时期《中国共产党第三次章程修正案》中就专门增设了“党的监察委员会”，但受革命形势的影响，中央监察委员会并未真正开展工作。土地革命时期，党的第六次代表大会上制定的新党章将“监察委员会”改为“审查委员会”。1933 年 9 月，中央又规定制定在未成立中央监察委员会之前，由中央党务委员会行使党的纪律检查职责，但由于未受到重视，作用十分有限。抗战开始后，中央党务委员会由中央组织部代管，直到党的六届六中全会通过的《关于各级党委暂行组织机构的决定》规定“在区党委之下，得设监察委员会”[①]。并且详细规定了监察委员会的监察内容、监察委员的资格、监察委

① 《中共中央文件选集》(第 11 册)，中共中央党校出版社，1991 年，第 771 页。

员会与党委员会的关系。监察内容包括,监督党的机关和党员对党章和决议的正确执行,审查党的机关的财务状况,审查并决定对党员的纪律处分,审查党员的入党和恢复党籍情况,监察党员的革命道德行为。对于监察委员会委员的资格,要求必须三年以上党籍。对于监察委员会的决定由当地党委员会批准,上级监察委员会有权改变下级监察委员的决定。《决定》促进了党的纪检工作,并且由于抗战时期,处于合法状态下,也有条件开展党的纪律检查工作。在党的七大通过《中国共产党党章》中再一次确立了党的纪律监察机关,专门设立了"党的监督机关"一章。规定必要时得成立党的中央监察委员会及地方党的监察委员会。职权是决定或取消党员的处分,受理党员的控诉。但中央和地方几个监察委员会并未真正成立,建立监察委员会的设想未能付诸实践。

三、严格执行党的纪律

党的纪律内容丰富和发展后,严格执行党的纪律才是纪律的生命力所在。抗战时期,中国共产党党内法规建设在严格执行党的纪律上,有了新的创新和发展,规定了"惩前毖后、治病救人"的纪律处分方针,在对违反党的纪律给予处分的同时对遵守党的纪律的模范予以奖励。

在整风运动中,毛泽东提出了"惩前毖后,治病救人"的方针。之后 1944 年 4 月的一次讲话中又进一步发展了这一方针,提出"实行惩前毖后、治病救人的方针,借以达到既要弄清思想又要团结同志这样两个目的"[①]。党的七大通过的《中国共产党党章》中第一次规定了"党对犯错误同志给予批评或处分,是为着惩前毖后,治病救人"。将"惩前毖后,治病救人"上升到了党的

① 《毛泽东选集》(第三卷),人民出版社,1991 年,第 938 页。

纪律处分必须坚持的方针的高度。这一方针的确立，对于维护党的团结统一,纠正整风运动中出现的错误,团结党员干部起到了重要作用。

对违反党的纪律的党员和党组织给予处分，是必要的教育手段和组织手段。党的六届六中全会后,由于党组织和党员大量发展,党中央陆续发布了《关于巩固党的决定》和《关于审查干部的决定》等法规文件,要求审查党员干部成分,对党员干部队伍中的异己分子、投机分子及敌探奸细坚决清除出党。1941 年 7 月中共中央政治局又发布了《关于增强党性的决定》,指出思想上、政治上和组织上缺乏党性的具体表现,同时对于违反党性行为制定了具体的方法,强调要严格检查一切决定的执行,及时发现,及时纠正,对于屡说不改的进行纪律制裁,加强党的纪律教育,采用批评与自我批评的方法增强党员的党性。这是中国共产党在抗战时期加强纪律建设的重要探索。1945 年 4 月党的七大上通过的《中国共产党党章》中详细规定了对党员和党组织的处分。党章指出,对不执行党的决议,违反党章、党纪的党组织和党员,依据具体的情况给予处分。对党组织的处分包括:指责、改组、撤销或指定临时机构,解散、解散并进行党员的重新登记。对党员个人的处分包括:当面劝告或警告,当众劝告或警告并撤销工作,留党察看,开除党籍。新的纪律的处分规定对于维护党章和党的纪律,纯洁党的队伍起到了重要作用。

除此之外,党的纪律建设有了重要创新,体现在除了对违反党的纪律的党员纪律处分以外,对遵守纪律的党员给予奖励。党的七大通过的《中国共产党党章》中规定了在工作中遵守党的纲领、政策和决议中给予奖励的情况。要求在工作中,忠于党与人民的事业,遵守党和革命政府的纪律;具有创造性的出色完成党的任务。党的纪律处分不是目的,不是施行惩办主义,目的是为了教育党员和广大人民群众。这一创新,加强了党的纪律建设,扩宽了党的纪律建设的内容。

小结

抗日民族统一战线确立以后,中国共产党取得了合法地位,实现了局部执政。在局部执政期间,党的建设得到了突飞猛进的发展。党的力量的发展壮大,推进了党内法规建设,制定了1部党章,1部起临时党章作用的六届六中全会决议,7部组织法规,12部宣传思想法规,12部党员干部法规,5部纪律法规,另外还包括1个历史问题决议,初步形成了以党章为根本的党内法规体系。党内法规体系的基本形成,促进了马克思主义中国化的理论建设,实现了党的历史上第一次理论的历史性结合,形成了毛泽东思想。1945年,党的七大将毛泽东思想确定为党的指导思想,自此中国共产党在新的马克思主义中国化的理论指导下,取得了一个又一个的伟大胜利。

第三章
抗战时期党内法规建设的实践探索

抗战时期党内法规体系初步建立，只是在理论上形成了基本的内容体系。只有在研究党内法规体系背后的制定、实施、评估和清理实践活动后，抗战时期中国共产党的党内法规建设的全貌才能完整地展现出来，进而才能进一步总结经验，获得启示。党内法规的建设实践包括制定党内法规，实施党内法规和对党内法规进行评估和清理。制定党内法规是一个发现、提炼和总结党建设经验的过程。实施党内法规是让党内法规重返实践接受检验，进而推动实践的过程。评估和清理党内法规是根据实践的效果，决定修改或废止党内法规的过程。

第一节　抗战时期中国共产党各层级党内法规的制定

党内法规的制定是党内法规建设实践的开始。抗战时期的党内法规是依据实践的需求制定的，不是没有现实依据的。规范的党内法规的制定过程，应当包括制定计划或规划，组织起草和审批与发布。抗战时期党内法规制定过程一般包括，党内法规制定缘由，组织起草和通过什么形式审议发布。由于抗战时期党内法规文件的繁多,制定的规范性不足,有的党内法规可能涉及多个方面的内容,不再适合按照上一章节中的调整领域来划分,并且由于史料的缺失,很难将每一部党内法规的制定过程作详细阐述。因此,为了清晰阐述抗战时期党内法规的制定过程,这里依据制定审议机构的不同,将抗战时期党内法规大致分为三类:第一类是党的中央委员会及全国代表大会制定通过的党内法规,第二类是党的中央政治局制定审议的党内法规,第三类是中央各部委制定发布的党内法规。

一、中央委员会及全国代表大会制定通过的党内法规

中央委员会及全国代表大会制定通过的党内法规,一般以决议案或决议形式发布。其中包含党章的修改和制定。此种类型的党内法规一般会成立专门的起草委员会,经过较长时间的制定和修改,最终在中央委员会会议及党的代表大会会议上通过。此种党内法规一般级别效力最高,涵盖历史跨度较长,包含内容较广,隶属于第一位阶。

党的六届六中全会上通过的党内法规的制定。为了总结抗战十六个月来的经验和教训,认清目前的形势,明确党的任务,纠正抗战初期党内存在的以王明为代表的右倾错误,统一全党的认识,1938 年 9 月 29 日至 11 月 6 日,中国共产党召开第六届中央委员会第六次全体会议。党的六届六中全会召开之前,中共中央政治局于 9 月 14 日到 26 日召开了中央政治局会议,为六届六中全会召开做准备。会议决定毛泽东作《抗日民族战争与抗日民族统一战线发展的新阶段》的政治报告,王明负责起草以毛泽东政治报告为基础的政治决议案。刘少奇在会上的报告中指出,“现在党内要制定一种党规,进

行党的建设”[1]。同时毛泽东指出,“鉴于王明在十二月会议以来一系列严重违背组织原则的做法,建议在六中全会上通过一个中央工作规则”[2]。于是,会议成立了中央规则起草委员会,具体由刘少奇、康生和王明三人负责起草关于中央委员会、党委暂行机构和各级党部的三项党内法规。对于制定党规党法的一个重要目的,刘少奇指出是“避免个别人破坏党的团结统一”。在正式会议上,审议通过了《中共扩大的六中全会政治决议案》和《关于各级党委暂行组织机构的决定》《关于中央委员会工作规则与纪律的决定》《关于各级党部工作规则与纪律的决定》党内法规。

《关于若干历史问题的决议》的制定。为了在整风运动基础上,总结党的历史经验,在重大历史问题上取得一致认识,中国共产党于 1944 年 5 月 21 日至 1945 年 4 月 20 日召开中国共产党第六届中央委员会第七次会议。会议举行了八次会议,在 4 月 20 日的最后一次会议上通过了《关于若干历史问题的决议》。早在 1941 年中共中央就开始讨论四中全会至遵义会议期间的领导路线问题,在 1941 年 9 月至 10 月的政治局扩大会议上就成立了以毛泽东为首,王稼祥、任弼时等组成的清算委员会。毛泽东负责起草了《关于四中全会以来中央领导路线问题结论草案》,又称《历史草案》。但由于时机不成熟,并没有提交审议。在整风运动期间,中央再次讨论了四中全会以来的路线问题,并制作了文件汇编。之后,毛泽东在《学习和时局》的讲演中,对党史上的重要问题,传达了中央政治局的结论。为制定决议,1944 年 5 月 10 日中央书记处成立了以任弼时为召集人,包括刘少奇、周恩来、张闻天、康生、彭真、高岗、博古共 8 人参加的起草准备委员会。5 月 19 日又增加了秦邦宪。起草决议的方针,任弼时曾指出:“弄清思想,团结同志,分析错误的内容

① [英]威尔逊:《刘少奇传》,封长虹译,中央文献出版社,2008 年,第 336 页。

② 中共中央文献研究室编:《毛泽东传》(下),中央文献出版社,2004 年,第 595 页。

和犯错误的根源，而不着重个人的责任。”[①]1944年5月任弼时在毛泽东起草的《历史草案》基础上，总结整风运动以来新鲜经验，完成了《检讨关于四中全会到遵义会议期间中央领导问题的决定（草案）》初稿。之后经过胡乔木、张闻天等反复修改，前后多达八次。最后，经毛泽东修改，将题目改为《关于若干历史问题的决议（草案）》。本来中央打算在党的七大上讨论通过《关于若干历史问题的决议（草案）》，但为了维护党的团结统一，集中精力讨论当前争取实现民主联合政府和建立新中国任务，于是决定在七大上不涉及历史问题。最终《关于若干历史问题的决议》在党的六届六中全会上通过。

党的七大上通过《中国共产党党章》《关于政治报告的决议案》和《选举新的中央委员会条例》的制定。关于七大党章修改的原因和制定原则，前面章节已经论述过，这里不再重复。1944年5月21日中共中央召开第六届七中全会第一次会议。会议成立了以毛泽东为首的七中全会主席团。全会期间，中央书记处和政治局停止行使权力，由主席团主持日常工作。会议批准了七大的议程，毛泽东作当前形势的政治报告，刘少奇作关于党的及修改党章报告等，通过了由中央书记处提名的准备委员会名单。除政治报告不成立准备委员会，其他均成立准备委员会。刘少奇负责组织问题准备委员会。1945年3月上旬，党章草案初步形成。3月7日，刘少奇主持了党章座谈会，听取各方面意见。3月31日，在党的六届七中全会第七次会议上，讨论了毛泽东准备的七大政治报告，接着讨论了刘少奇负责起草的党章草案。会议一致通过了毛泽东准备的政治报告和刘少奇负责的党章草案。1945年4月21日，党的七大预备会议召开，确立了七大的工作方针。4月23日至6月11日，党的七大召开。会议通过了毛泽东的《论联合政府》的政治报告，形成了《对于政治报告的决议案》。5月24日通过了《选举新的中央委员会的条例》。

① 中共中央文献研究室编：《任弼时传》，中共中央文献出版社，2004年，第546页。

6月11日，通过了《中国共产党党章》。

二、中央政治局制定审议的党内法规

党的中央政治局制定审议的党内法规一般以中央名义委托给个人制定，在中央政治局会议上讨论通过，以决定或决议的形式发布，是针对党在抗战时期相对较为具体的任务制定的党内法规，在效力等级上比较高，涉及的内容也比较重要，影响范围较广，属于第二位阶。

《中央关于目前政治形势与党的任务决议》的制定。随着抗日救亡运动高潮的到来，中国共产党面临着由土地革命向抗日战争转变的新形势，为制定新形势下政治路线和战略方针。1935年12月17日至25日中共中央召开政治局会议，即瓦窑堡会议。12月19日至22日，会议就当前的形势和任务讨论了三天。之后，张闻天受政治局委托，起草了《中央关于目前政治形势与党的任务决议》。12月25日中共中央政治局会议上得到审议通过。

《中共中央关于目前形势与党的任务决定》和《中国共产党抗日救国十大纲领》的制定。卢沟桥事变后，全面抗战爆发，但蒋介石依然坚持单纯的政府抗战，军队抗战。为应对如何抗战问题，解决抗战中的国共关系，以及红军改编后的任务和方针，1937年8月22日至24日中共中央召开政治局扩大会议，即洛川会议。洛川会议之前，8月9日中共中央召开了政治局会议。会上张闻天提出了抗战的"八大纲领"，在毛泽东提议下增加了两项，为"十大纲领"。毛泽东负责起草了《中国共产党抗日救国十大纲领》，张闻天负责起草了《中共中央关于目前形势与党的任务决定》。两个党内法规文件都于8月15日完成。在中央政治局扩大会议上审议通过了这两个党内法规。

《关于大量发展党员的决议》的制定。中共中央于1938年3月15日向全党发出了《关于大量发展党员的决议》。此党内法规的制定是根据1938年

2月27日至3月1日召开的中共中央政治局会议上毛泽东提出的建议。毛泽东指出，由于中共抗战的长期性，要“大大发展党员，中央应有新的决议”[①]。3月中上旬，陈云根据毛泽东的建议主持起草了此决议。中央没有明确该决议的审议机关，在3月15日向全党发出了此决议。

《中央关于组织青年工作委员会的决定》的制定。1938年4月30日，中共中央政治局常委会议上决定成立以陈云为主任，冯文彬为副主任的青年工作委员会。并且决定由二人起草中央关于青年工作的决定。1938年5月5日，二人起草的《中央关于组织青年工作委员会的决定》由中共中央发出。

《中央政治局关于巩固党的决定》的制定。由于党的组织在短时间内得到猛烈发展，到1938年底全国党员总数达到五十多万。作为中央组织部部长的陈云，意识到“巩固党”要提到突出地位，于是向中央及时提出，要放慢发展速度，边巩固边发展。1939年8月16日，中共中央召开政治局会议，会议上决定关于党内巩固和教育工作发表指示，张闻天负责起草。最终，王稼祥主持，张闻天、陈云参与起草了《中央政治局关于巩固党的决定》。在1939年8月25日扩大的政治局会议上通过了《中央政治局关于巩固党的决定》，并向全党发出了该决定。

《关于吸收知识分子的决定》的制定。1939年11月下旬，中共中央召开政治局会议，毛泽东在会上提出，要大用知识分子，过去十年内对知识分子的态度是不正确的。12月1日，毛泽东为中共中央起草了《关于吸收知识分子的决定》，并以中央名义正式发出向全党正式发出。

《关于增强党性的决定》的制定。在总结皖南事变经验教训时，毛泽东认为，项英党性思想存在问题是皖南事变发生的重要原因之一。在1941年1月15日中央政治局会上，毛泽东指出，“有同志没有把普遍真理的马列主义

① 中共中央文献研究室编：《毛泽东传》（下），中央文献出版社，2004年，第591页。

与中国革命的具体实际联系起来”“没有了解中国革命的实际，没有了解经过十年反共的蒋介石”。毛泽东高度重视教条主义的问题,并指出这是党性问题,将其提到党性的高度来认识。为此中央于3月26日专门召开政治局会议,讨论增强党性的问题。会议决定王稼祥起草关于增强党性的决定。王稼祥与王若飞合作,在他的领导下起草了这个决定。7月1日,中共中央政治局通过并发出了《关于增强党性的决定》。

《中共中央关于延安在职干部学习的决定》和《中共中央关于延安干部学校的决定》的制定。在1941年9月至10月的政治局扩大会议上毛泽东指出,在延安的学校中存在着主观主义和教条主义问题,只注重理论的教育,不注重理论的应用,因此必须改变过去的教育方针。为了改变当前党校干部教育中存在的问题,12月1日中共中央召开政治局会议讨论了《中央关于延安干部学校的决定》的草案,成立了任弼时、陈云等组成的中央党校组织管理委员会。在会上毛泽东进一步指出了当前草案的缺点,只强调了实际,没有注重理论的重要作用,以及如何理论联系实际。经过修改后,在12月17日中共中央召开政治局会议上,通过了《中共中央关于延安在职干部学习的决定》。对于《中共中央关于延安干部学校的决定》则基本通过,毛泽东添加两段内容后再发布。

《中共中央关于在职干部教育的决定》的制定。全党普遍整风运动开始后,党中央高度重视干部教育问题,尤其是在职干部教育,成为所有教育工作中的重中之重。在1941年11月召开的中央政治局会议上讨论了《中央关于在职干部教育的决定》草案。1942年2月28日中共中央召开政治局会议,专门讨论在职干部教育问题。会议按照毛泽东起草的第三次修改草案通过了该决定。

《关于统一抗日根据地党的领导及调整各组织间关系的决定》的制定。由于王稼祥在1941年11月和叶剑英合作起草了《中央军委关于抗日根据地军事建设的指示》,对抗日根据地军队建设情况比较了解,并且由于抗日根据地进入困难时期,领导问题还不能统一,“根据地的党、军队与党政军委员会形成‘三权鼎立’”[①],必须从思想上和组织上解决此问题。为此,王稼祥主持起草了《关于根据地党政军民关系的决定》。1942 年 8 月 8 日中共中央召开政治局会议,讨论了《关于根据地党政军民关系的决定》草案。王稼祥对该草案作了逐条说明。朱德在会上进一步阐明了军队和党政民的关系,强调军队没有党政民不能存在,根据地没有军队也不能巩固。任弼时也作了补充说明,建议文件名称改为《关于党对军政民领导关系的决定》[②]。会议基本通过了该草案。1942 年 8 月 29 日的政治局会议将其改为《关于统一根据地党的领导及调整各组织间关系的决定》,正式通过了该决定,并规定 9 月 1 日发出。1942 年 9 月 1 日中共中央发出了《关于统一抗日根据地党的领导及调整各组织间关系的决定》。

《关于中央机构调整及精简的决定》的制定。“精兵简政”的来源首先是 1941 年 11 月召开边区二届参议会上李鼎铭等向大会提出的 “精兵简政”的议案。指出政府应实行精兵简政主义,避免入不敷出,经济紊乱。毛泽东高度重视这个提案,指出这是改造机关主义、官僚主义和形式主义的对症药,并号召全党全军,施行精兵简政。1943 年 3 月 16 日在政治局会议上,任弼时代表中央书记处作中央机构调整与精简方案的报告,进行了充分讨论。3 月 20 日中央召开政治局会议上再次讨论并通过了《关于中央机构调整及精简的决定》。

《关于审查干部决定》的制定。1943 年 4 月 13 日中共中央发出了《关于继续开展整风运动的决定》,一方面要求在思想上清党,另一方面要求在组织上清党。为此中央决定由总学委负责这项工作,具体由康生主持。并且还

① 徐则浩:《王稼祥年谱》,中央文献出版社,2001 年,第 328 页。

② 章学新:《任弼时传》,中央文献出版社,1994 年,第 491 页。

成立了以刘少奇为主任，康生等参加的反内奸斗争委员会。但康生将审干工作变成了抢救失足者运动，造成大量冤假错案，使审干工作偏离了路线。为彻底纠正这种扩大化错误，1943 年 7 月 30 日，毛泽东亲自致电各中央局、分局和区党委，要求必须实事求是，防止逼、供、信。1943 年 8 月 15 日，中共中央发出《关于审查干部决定》，正式公布了毛泽东关于审查干部和肃清内奸的九条工作方针。《决定》的审议机关没有明确。

三、中央各部委制定发布的党内法规

这里的中央各部委主要指中央书记处、中央组织部、中央宣传部（中央宣传教育部）和中央青委。由于抗战时期，“书记处工作会议等于是中央各部委的联席会议”①，（1943 年 3 月 20 日中央机构调整与精简后书记处工作会议取消，书记处成为政治局的办事机关）这里将中央书记处制定发布的法规与各部委制定发布的法规归为一类，统称中央各部委制定发布的法规。中央各部委制定发布的党内法规在内容上一般针对某一领域的具体问题，在名称上以指示、规定和通知的形式发布，有的也以决定的形式发布。此类党内法规一般由中央书记处或各部委制定，或委托给个人制定。党内法规的审议一般在书记处会议或中央书记处工作会议上审议由中央书记处发布或在部门会议审议发布，具有较强的针对性和时效性，在效力等级上居于第三位阶。

中央书记处制定发布的党内法规。抗日民族统一战线建立后，为了巩固党的组织，中央政治局会议决定凡已恢复和正在申请恢复党籍的党员都需要中央党务委员会重新审查，1937 年 12 月 25 日中央书记处依据政治局会

① 章学新：《任弼时传》，中央文献出版社，1994 年，第 501 页。

议的决定，制定并发布了《中央关于恢复党籍及重新入党问题的第一次通知》。考虑到某些地方的实际困难和战时环境因素，为方便党员申请恢复党籍，1938 年 5 月 23 日再次发出了《中央关于恢复党籍及重新入党问题的第二次通知》。1938 年 3 月 15 日，在大量发展党员的决议发出后，中央书记处发出了《中央关于征收党费的通知》。为扩大党内宣传教育，1939 年 5 月 17 日中央召开书记处会议，张闻天作中央宣传部的工作报告。根据报告，会议通过并发出了《中央关于宣传教育工作的指示》。为了推进党内教育，加快学习马克思列宁主义，满足大量革命知识青年的培训需要，在总结各学校办学经验的基础上，主管宣传和干部教育工作的张闻天主持起草了《中央关于干部学习的指示》《中央关于办理党校的指示》和《中央关于在职干部教育的指示》，以中央书记处名义制定，经中央同意，先后于 1940 年 1 月 3 日、1940 年 2 月 15 日和 1940 年 3 月 24 日以中央书记处名义发出。为了规范各中央局各将领对外发表的指示，1941 年 2 月 2 日中央书记处制定并发布了《关于发表有全国意义的通电、宣言与对内指示的规定》。同年 5 月 25 日，再次严格党的宣传纪律，中央书记处发布了张闻天起草的《中央关于统一根据地内对外宣传的指示》。

为了让党员参加具体工作，正确认识革命工作，陈云起草了《关于党员参加经济和技术工作的决定》，经毛泽东修改后，于 1941 年 5 月 1 日由中央书记处发出。1941 年 7 月 22 日，陈云为中央书记处起草了《关于过去履行出狱手续者暂行处理办法》，于 8 月 1 日通过发出。1941 年 9 月 26 日召开中央书记处工作会议，制定通过《中央关于高级学习组的决定》，经毛泽东修改后由中央发出。为了使中央青委的组织关系整齐划一，工作任务分明，1942 年 2 月中央青委制定了《关于根据地各级青委组织与工作暂行条例》草案，2 月 6 日中共中央书记处工作会议上提出通过。由于 1941 年 9 月 26 日召开的中央书记处工作会议上任弼时提出并通过了《中央书记处的任务和组织条例》,规定了中央书记处的职责,并由中央书记处办公厅执行该职责,因此有了中央书记处办公厅为制定主体发布的两部党内法规,即1942年3月2日《中央书记处办公厅关于政治局对党校组织及教育方针之决定的新通知》和1942年3月18日发布的《中央书记处办公厅关于党务广播条例的通知》。

中央宣传部制定发布的党内法规。为了规范和健全党的宣传部的工作,1940年10月,在张闻天的指导下,中央宣传部制定了《关于充实和健全各级宣传部门的组织及工作的决定》,并于10月14日向全党发出。由于1939年8月中央宣传部和中央干部教育部合并,改为宣传教育部。张闻天领导的中央宣传教育部,针对抗日根据地支部教育,延安在职干部教育,大后方的干部教育工作,分别于1940年10月17日、20日和25日,连续发布《中央宣传部关于各抗日根据地内党支部教育的指示》《中央宣传部关于提高延安在职干部教育质量的决定》和《中央宣传部关于大后方党的干部教育的指示》。1941年6月,张闻天在总结党的宣传工作经验基础上,为宣传部起草了《关于党的宣传鼓动工作提纲》。经中央同意后,于6月20日由中央宣传部在党内公开发布。针对抗日根据地的报纸杂志存在的问题,1941年7月4日中央宣传部又发布了《关于各抗日根据地报纸杂志的指示》。

中央组织部制定发布的党内法规。1937年8月1日,中央组织部依据任弼时、彭德怀、杨尚昆和邓小平起草的《关于红军中党及政治机关在新阶段的组织的决定》,制定并发布了《关于改编后党及政治机关的组织的决定》。

另外还有一些无法确定制定审议主体的党内法规。1940年8月1日发布的《中央关于审查干部问题的指示》,在署名时只写“中央”二字。1941年7月15日发布的《中央关于地方及军队中各级党部取消、改正和停止党员处分手续的决定》,制定审议主体缺乏。

第二节　抗战时期中国共产党党内法规的实施

党内法规的生命在于实施。实施的实质就是解决党内法规仅在纸上的问题。正常的党内法规实施路径应当是党内法规发布后，组织学习党内法规，解释党内法规，贯彻执行，进行监督检查。但是抗战时期党内法规的执行是缺少监督检查的。并且党内法规发布后，也缺乏正常的党内法规解释工作。但是抗战时期党内法规的实施却有自己特殊的实施路径。抗战时期党内法规的实施路径一般分为以下三种：第一种，党内法规制定后，通过领导人物的理论文章或演讲报告进行理论解释；第二种，党内法规制定后，组织党内法规的学习，加强宣传教育；第三种，党内法规制定后，通过建立新的组织机构或者由下级机构贯彻实施。这三种路径之间并没有清晰明确的逻辑顺序。

一、进行理论阐释

正规的党内法规解释指党内法规制定后，对党内法规的解释行为。在现代规范性党内法规制定过程中，一般遵循"谁制定谁解释"[①]的原则。但在实践过程中，往往存在解释主体和制定主体相对分离的情形。党内法规的制定主体一般在制定过程中对党内法规的解释主体进行授权。同时制定主体也不意味着放弃对党内法规的解释权。但在抗战时期，由于党内法规制定过程中缺乏规范性，在党内法规中并没有明确解释主体。为了让党内法规的实施更加明晰，一般会通过某个领导人的演讲报告或撰写文章对党内法规进行

① 苏绍龙：《论党内法规的制定主体》，《四川师范大学学报（社会科学版）》，2018 年第 5 期。

理论解释,以求得对党内法规的彻底理解,特别是针对某一时期比较重要的任务制定的党内法规。

例如,1935 年 12 月 25 日瓦窑堡会议决议通过后,毛泽东在 12 月 27 日的党的活动分子会议上作《论反对日本帝国主义的策略》的报告,传达瓦窑堡会议的决议,进一步阐明抗日民族统一战线策略,贯彻瓦窑堡会议决议精神。张闻天也在 1936 年 3 月 27 日中央政治局会议上作《共产国际七大与我党抗日统一战线的方针》的报告,对新形势下抗日统一战线政策作了充实和发展,明确瓦窑堡会议决议的政治路线。为了贯彻瓦窑堡会议决议精神,还进行了党的抗日民族统一战线政策的教育,刘少奇专门撰写了建立抗日民族统一战线的必要性、可能性和基本原则的党内教材。1937 年 12 月 29 日陈云在延安作《中国共产党为什么提出统一战线的口号》的演讲,从四方面阐明抗日民族统一战线提出原因,进一步贯彻瓦窑堡会议决议精神;1937 年 8 月 25 日洛川会议决议通过后,张闻天撰写《论抗日民族革命战争的持久性》,阐释了全面抗战路线和持久战,对全党掌握和理解决议精神起到了重要作用;1941 年 7 月 1 日,中共中央政治局通过的《中共中央关于增强党性的决定》发出后,任弼时撰写了《关于增强党性问题的报告大纲》,对增强党性的必然性进行论述,同时还提出了如何增强党性的五方面路径,对《决定》进行了理论阐释。在 1942 年 7 月 14 日,针对党校学员对于中央发出的《关于增强党性的决定》提出的问题,任弼时再次向干部作《为什么要作出增强党性的决定》的报告,阐明决定精神;1942 年 9 月 1 日中共中央《关于统一抗日根据地党的领导及调整各组织间关系的决定》发出后,1943 年 1 月 7 日至 9 日任弼时作了《关于几个问题的意见》演讲报告,对"关于党的一元化领导问题"进行了详细的理论阐述,对于把握决定精神起到了重要作用;1940 年中央宣传部连续发出关于干部学习的指示后,1941 年 4 月 7 日张闻天撰写了《提高干部学习质量》一文,就如何提高干部学习质量提出了三个问题,进一步阐明了干部学习的指示;1939 年 8 月 25 日《关于巩固党的决定》通过后,9 月 18 日,陈云撰写《巩固党与战区的群众工作》,就如何巩固党进行理论阐述,对决定的执行起到了重要作用。9 月 29 日,王稼祥撰写《为中国共产党的巩固和坚强而斗争》,从理论和实践上对《关于巩固党的决定》做了阐述和解释,进一步深化了对决定的认识。在党的七大上,刘少奇作《修改党章的报告》全面阐释了七大制定的新的党章。抗战时期党内法规制定后,在执行过程中,党的领导人的讲演和理论著述发挥了对党内法规的解释作用,对于执行党内法规,领会党内法规的内容实质起到了重要作用。

二、开展学习教育

在规范的党内法规实施中,党内法规制定完毕后,应当组织党内法规的学习教育,特别是重要的党内法规。一方面通过组织学习教育活动,能够增强党员干部的法规意识,另一方面有助于宣传党内法规,增强党员干部对党内法规的认识和理解,提高党内法规的执行力。抗战时期组织党内法规的学习活动,除了宣传党内法规,提高党内法规的执行力以外,还带有提高党员干部思想认识,改造党员干部世界观的作用。在形式上分为:成立学习小组学习,组织学校教育,开展学习运动。

成立学习小组。[①]自“支部建在连上”作为建党的一项基本原则和制度确立以后,开展支部教育成为党员干部学习马列主义理论,提高思想认识的重要方式。但在抗战时期,中国共产党创造性地推行“学习小组”形式,在学习党内决议、决定等党内法规方面起到了重要作用。1940 年 3 月 20 日中央书

① 抗战时期中国共产党成立了各种形式的学习小组,要达到的目的也不同。特别是整风运动期间,全党普遍成立各种各样的学习小组。这里指的学习小组仅仅指其在学习党的法规文件中的一种作用,或者一种形式。

记处发布了《中央关于在职干部教育的指示》,在指示中明确规定了“学习小组”的形式,“凡环境许可的地方,可依类编成学习小组”,并且规定了学习小组开展活动的基本原则。实际上,早在指示发布之前,党的中央高级部门开始尝试性地开展学习小组活动。例如,为贯彻六届六中全会决议中关于加强干部学习的规定,中央组织部于1938年11月成立了一个领导干部学习小组。由陈云担任组长,李富春担任副组长。每天上午九点以前自学,每周集体讨论一次。整风运动开始以后,学习小组的形式开始党内全面推广。1941年9月,依据中央书记处发布的《中央关于高级学习组的决定》,党中央成立了以毛泽东为组长,王稼祥为副组长的中央学习组,在党内成立高级学习组,成员包括中央,各中央局、分局以及军队主要负责人等,学习内容以马克思主义思想方法论和六大以来的决议为主。成立学习小组学习党内法规及相关文件,极大地提高了党员干部对党内法规文件的认知力,对于提高党内法规的执行力,增强党员干部的法规意识,贯彻党的方针路线起到了重要作用。

组织学校教育。成立学习小组学习党内法规主要是针对党内的高级干部,但对于广大的中下层干部和党员的党内法规的学习则需要通过学校教育来实现。大革命时期,中国共产党就通过创办党校来培养党的干部。但是由于国内革命战争的严峻形势,缺乏安定的环境来落实党校教育。到了土地革命时期,在中央革命根据地创办了自己的学校,即马克思共产主义学校。抗战时期,由于党员的大量发展,中共中央恢复和创办了党校、抗大、陕公、马列学院等学校。在学习马克思列宁主义理论以外,还学习党的路线、方针和政策。例如,在整风运动前期,中央党校学员学习研究了《关于增强党性的决定》等法规文件,并且针对这些文件,提出了许多问题。为此,任弼时专门对学员干部作解答,不仅解答了大家的问题,还说明了增强党性的决定发出后对于我们党的建设起了什么作用。组织学校教育是全面了解党内法规,实施党内法规的重要方式之一。

开展学习运动。学习运动，是除了学习小组和学校教育以外，全体党员干部学习党内法规的又一形式。1942年6月8日，中央宣传部发出了《关于在全党进行整顿三风学习运动的指示》，要求党的最高领导机关必须成立学习总委员会，各部门各单位成立学习分会，各级党委各级宣传部等必须领导这一运动。单纯的学习小组已经不能满足纠正党内错误思想的需要，开展学习运动，即全党的整风学习运动，才能彻底清除党内错误思想，统一全党思想认识。当然，延安时期创建的学习运动，在学习党内法规，提高思想意识的同时，主要作用是在思想上纠正党员干部中的非无产阶级思想，已经严重超出了党内法规实施的限度。但是不得不承认，开展全党的学习运动对于提高抗战时期党内法规的执行力起到了重要作用。

三、加强组织实施

组织是无产阶级政党存在的基础，“无产阶级在争取政权的斗争中，除了组织，没有别的武器”[①]。抗战时期，由于中国共产党制定了正确的路线方针政策，恰当地处理了民族矛盾和国内阶级矛盾的关系，创建了中国共产党领导的抗日根据地，党的各级组织得到了恢复和发展。特别是党的六届六中全会以后，在全国形成了相对完整的中共组织网络。党内法规发出后，党内法规的实施主体是党的各级组织。党内法规的组织实施途径主要有两种，第一种是通过制定指示、通知或召开会议，贯彻执行；第二种是根据党内法规实施需要建立新的专门组织，贯彻落实党内法规。这两种路径之间有时会交叉存在。

① 《列宁选集》(第一卷)，北京人民出版社，1995年，第526页。

制定指示、通知或召开会议是党内法规实施的经常路径。全面抗战开始后，为执行党的统一战线政策，正确地开展抗日斗争，中共中央8月12日发出《关于抗战中地方工作原则的指示》，要求共产党员和军队，以争取抗战胜利为基本原则，参加到地方政府军队中去，并取得其中的领导位置，帮助人民争取权利和领导改善人民生活的斗争。1939年8月25日中共中央发出《中央政治局关于巩固党的决定》后，10月7日中央组织部发出《关于执行中央巩固党的决定的指示》贯彻落实巩固党的决定。10月10日，中央又作出《关于反对奸细斗争的决议》。1940年8月1日中共中央又发布了《关于审查干部问题的指示》，对干部的政治品质，是否适配工作等进行审查，作为巩固党的重要措施之一。为执行巩固党的决定，中央组织部就怎样巩固党多次召开会议，确立了既要教育党员，清除坏人，又要把加强群众工作联系起来的任务。1942年9月1日《中共中央关于统一抗日根据地党的领导及调整各组织间关系的决定》发出后，陕甘宁边区留守兵团为贯彻中央关于精兵简政、组织一元化的决定召开会议，制定了具体的调整政策。为贯彻落实中共中央关于精兵简政的政策，毛泽东代表中共中央多次致电华北、华中抗日根据地等，要求他们制定政策落实精兵简政。为执行党的纪律法规，中共中央在1938年4月18日发布了《关于开除张国焘党籍的决定》，并且于4月19日发布了《关于开除张国焘党籍的党内报告大纲》，向党内全体党员通报这一纪律处分。指示或者通知及专门会议，由于具有针对性强，内容具体明确，在党内法规实施过程中扮演着重要角色。

建立新的专门组织是党内法规实施的有效路径。1938年3月15日中共中央《关于大量发展党员的决议》发出后，为贯彻决议精神，中央组织部确立当前的主要工作是恢复和发展党的组织。同时建立相应的机构和确立人选安排，对全国的组织状况进行调查研究，以便制定不同的政策指导。党的六届六中全会决议通过后，为传达党的六届六中全会决议精神，中央组织部成立两个组织工作巡视团，赴晋东南和晋察冀根据地传达党的六中全会情况。并且在巡视团传达会议精神过于简单后，再次成立巡视团，保证党的六中全会精神贯彻执行。1941 年 8 月 1 日，中共中央发出《关于调查研究的决定》后，中共中央又发出《关于实施调查研究的决定》，在中央设立调查研究局，在各中央局、区委或省委设立调查研究室，贯彻调查研究的决定。1942 年 3 月中旬，王稼祥、朱德、萧劲光等组成考察团，考察部队对中央增强党性的决定和关于调查研究的决定的执行情况。1943 年 8 月 15 日中共中央发布《关于审查干部的决定》，贯彻毛泽东的九条方针，决定发布后，边区政府在林伯渠的领导下成立甄别工作委员会，坚持调查研究，严格把握政策，平反了许多冤假错案。建立专门的组织形式由于有专门的组织力量在贯彻落实党内法规，是提高党内法规执行力的重要途径，但是在长期性和稳定性上比较缺乏，更缺乏后续的监督行为，也存在一定的弊端。

第三节　抗战时期中国共产党党内法规的评估与清理

党内法规的评估和清理是党内法规制定实施的延续。党内法规的评估指党内法规的制定主体对党内法规的执行情况、实施效果开展评估。党内法规的清理指党内法规的制定主体对党内法规进行修改、废止等相应处理。前者往往是后者的依据，即党内法规的执行情况、实施效果往往决定了党内法规的修改或废止。实事求是的态度出发，当前党内法规的评估与清理工作实际上都处于探索阶段。抗战时期党内法规的评估与清理工作更是寥寥无几。但不妨碍将抗战时期党内法规的评估与清理工作进行梳理。

一、抗战时期中国共产党党内法规的执行情况及评估

党内法规的评估是对提高党内法规质量，形成完善的党内法规体系具有重要作用。规范的党内法规评估，实际上涉及评估的主体、客体和评估标准问题。评估的主体一般由党内法规的制定主体或纪检部门承担。评估的客体指评估对象，即党内法规。评估的标准一般指对党内法规是否正确、是否符合实际、是否科学等设立指标体系。但是抗战时期由于党的组织不健全并且不断变化发展，党内法规建设也缺乏规范性，对党内法规的评估一般都是以实施效果为主。由于抗战时期党内法规的数量众多，因此这里只针对一些比较典型的党内法规进行执行情况、实施效果的阐述。

洛川会议通过的决议发布后，对于决定确定的战略方针，毛泽东就曾经怀疑，"部队能否坚定不移的执行洛川会议决议确定的'独立自主的游击战'"[①]。聂荣臻在回忆录中也指出，在洛川会议讨论上，就曾出现不赞同游击战而打运动战的意见。可见，对于洛川会议的决定，刚开始执行时是存在疑虑的。因为这以战略转变，"在现象上表现为一个倒退的转变"[②]。为此，毛泽东在9月中下旬，连续5次致电抗战前方，提醒这一战略转变。平型关战役后，毛泽东又适时地发展了洛川会议决定，施行"基本的游击战，但不放松有利条件下的运动战"。以刘少奇为书记的中央北方局正确贯彻执行洛川会议决定精神，动员和发动广大人民群众，进行全面抗战。各军队也奔赴前线，以游击战争为主要方向，配合国民党军队进行运动战，同时积极开展群众工作，建立抗日根据地。到1940年底，中国共产党坚持抗日游击战争，创建了晋察冀、晋冀豫、冀鲁豫、晋西北、山东等16块抗日根据地，并且在抗日根据

① 中共中央文献研究室编：《毛泽东传》（下），中央文献出版社，2004年，第540页。

② 《毛泽东选集》（第二卷），人民出版社，1991年，第551页。

地建立了抗日民主政权。

《关于大量发展党员的决议》发布后，为了执行决议，陈云领导的中央组织部，在充分调查研究的基础上，针对不同地区的党员发展状况指出，在国民党统治区，"要反对关门主义，同时要反对拉夫主义"[①]；在敌占区，以农民和士兵为发展重点对象；在上海、天津等大城市，不要去做导致组织被破坏的宣传和斗争，而是要团结群众等。中央组织部和陕甘宁边区党委在抗大、陕北公学等学校中大量发展党员。1938 年 12 月抗大第四期学生结业时，党员比例从开学时的 11%提升到了 70%。陕北公学 1938 年招收的学生中，发展的新党员中有一半多。各地党组织在以农民、知识分子、下级官兵为发展对象时，也注意在其他社会阶层发展党员。例如，在上海，一部分爱国的文化界、商界人士提出了入党要求。中共江苏省委确定了吸收统战人士入党的要求，按照党员标准，一些进步人士经过长期考察和教育成为党员。从实施效果上看，决议发出后，党组织和党员迅速猛烈的发展，到 1938 年底，全国的中共党员人数由四万人增加到了五十多万。到 1940 年底，发展到八十多万人，许多原来没有党组织的地方也建立了党的组织和领导机构，中国共产党从狭小圈子中走了出来。

1939 年《关于巩固党的决定》发布后，各地党组织按照决定的指示迅速开展了巩固党的工作。各地加强马克思列宁主义教育，陕甘宁边区有计划地选调干部到马列学院和中央党校学习。晋察冀根据地则在有党员的地方建立支部，开展支部教育。各根据地在加强思想教育的同时，整顿党的组织，清洗混入党内的异己分子、投机分子等。有的地方则实行边巩固、边发展的政策。在山东，由于党组织数量相对较少，在决定发布后，从实际情况出发，边巩固，边发展。为了巩固国民党统治区和敌占区的秘密党组织，施行"隐蔽精

① 中共中央文献研究室编：《陈云传》（上），中央文献出版社，2005 年，第 240 页。

干,长期埋伏,积蓄力量,以待时机”的方针,巩固敌占区和国民党统治区的组织。从实施效果上看,决定发出后,党在思想上、政治上和组织上得到了巩固,对于统一全党思想,提高党的战斗力起到了巨大作用。

1940 年发布了《中央关于干部学习的指示》《中央关于在职干部教育的指示》《关于加强干部策略教育的指示》等干部教育问题的指示。在干部教育方针上贯彻的是党的六届六中全会“使马克思主义在中国具体化”的方针,在实际工作中,“着重于拿实际问题说明马克思主义原则”,存在理论与实际脱节的问题,致使党内教条主义习气增长。为此,毛泽东在《改造我们的学习》提出了反对主观主义。1941 年底到 1942 年初,中央改组了党校。从实施效果上看,党的干部通过学习,初步获得了马克思主义理论的基础知识,大大提高了思想水平,坚定了理想信念。但也存在理论与实际相分离,对中国的特点不够重视的缺点,党内教条主义仍然继续存在着。

1942 年《关于统一抗日根据地党的领导及调整各组织间关系的决定》后,为执行决定,中央建立健全了各地的中央代表机构,西北工作委员会与陕甘宁边区中央局合并成立中央西北局,高岗为书记;成立中共中央太行分局,邓小平为书记;成立中共中央晋绥分局,关向应为书记;健全晋察冀分局,聂荣臻为书记等。在中央,为调整和精简中央领导机构,专门制定了《关于中央机构调整及精简的决定》。从实施效果看,决定的实行,加强了党的团结统一,协调了各部门的工作,保证了党的路线方针政策的贯彻执行,推动了抗日根据地的发展和建设。

二、抗战时期中国共产党党内法规的修改或废止

开展清理工作是构建党内法规体系, 提高党内法规建设科学化的重要手段。由于实践的发展和形势任务的需要,某些党内法规存在落后于实践和

形势,或者与其他党内法规存在相冲突的情况,或者党内法规的调整对象不存在、不需要继续执行的问题。这就需要开展党内法规的清理工作,及时的立、改或废。抗战时期党内法规的清理标准,一般涉及党内法规落后于实践或不适应形势的需要,以及调整对象已调整完毕,不需要继续执行。清理的主体一般为制定主体。清理的形式表现为对个别党内法规的修改或废止。

1937 年 12 月中央书记处发布《关于恢复党籍及重新入党问题的第一次通知》。通知要求申请恢复和正在申请恢复的人须经中央党务委员会进行审查和决定。各部各机关的党组织不能自己做主恢复,已恢复的应当履行上述手续。但是由于战争环境、交通不便等实际问题,《第一次通知》的规定无法执行。于是 1938 年 5 月中央书记处发布了《关于恢复党籍及重新入党问题的第二次通知》,规定申请恢复和正在要求恢复党籍的人员,由各省委自己审查和决定,只需要将最后情况报告给中央组织部和党务委员会即可。由于党内法规发布后,在执行过程中存在不符合实际的情况,导致法规执行不下去,于是中央书记处针对现实中存在的问题,进行修改,重新发布了党内法规。

1940 年 8 月,为了巩固党中央发布了《关于审查干部问题的指示》。到了整风运动期间,审查干部,巩固党组织的任务一直在执行。但是康生在开展审查干部工作时,出现了偏差,在审查干部工作中搞"逼供信",造成了大量冤假错案。于是 1943 年 8 月中共中央发布了《关于审查干部的决定》,贯彻毛泽东的"九条方针",最终在"九条方针"的指引下,审干运动中出现的错误被纠正。此次党内法规的修改,是由于党内法规在执行过程中出现了错误,造成了严重问题。为了改正错误,中共中央对党内法规进行了修改。

1940 年,经中央同意,中央书记处和中央宣传部接连发布了多个关于干部教育的指示。但由于在教育方针上存在缺陷,导致了党内仍然存在主观主义残余。为此,1942 年 3 月 2 日中央书记处办公厅发布了《关于政治局对党校组织及教育方针之决定的新通知》,停止了过去党校所定课程,并对党校组织人事进行了调整。此次修改,实际上废止了1940年关于干部教育指示的某些内容。由于过去关于干部教育的指示，执行过程中存在主观主义错误,不利于清除党内教条主义,不利于执行“实事求是”的思想路线。因此,重新制定了新的教育方针和组织安排。

第四章
抗战时期党内法规建设的成就与特点

抗战时期党内法规制度建设是党内法规史上一个历史小高潮。中国共产党在反对日本帝国主义严峻的战争形势下，坚持抗日民族统一战线的政治路线,取得了合法地位,有了发展壮大的机会。为了规范党的发展,中国共产党提出了“党内法规”制度建设的理论,初步形成了党内法规制度体系,形成了一套管党治党的方式,取得了伟大的历史成就。抗战时期党内法规制度建设处于党内法规制度建设的起始阶段,并且由于战争环境的影响,带有鲜明的历史特点。

第一节　抗战时期党内法规制度建设的伟大成就

抗战时期党内法规制度建设取得了伟大成就，在理论上提出了党内法规建设理念和理论,开创了马克思主义的党内法规建设新领域。同时将党内法规制度理论与毛泽东建党学说相结合，形成了一个相对完善的党内法规制度体系。并且在实践上,中国共产党坚持具体的历史的统一,用党内法规规范党的建设实践,深入推动了党的建设伟大工程。

一、提出党内法规理念和理论，开创党内法规制度建设理论新领域

中国共产党虽然在建党之初就开展了党章、决议等党内法规制度建设，但是以党内法规制度理念规范党内关系，却开始于抗战时期。抗战时期党内法规制度建设中包含一套系统的理论，蕴含着丰富的理念，是毛泽东建党学说的重要组成部分。

系统提出党内法规概念等党内法规制度建设理论。党内法规概念的提出是党内法规制度建设理论开始形成的重要的标志。建党之初，中国共产党就制定了“第一个纲领”“第一个决议”等与党内法规制度起相同作用的文件，来规范党的发展，确保党拥有统一的意志和统一的纪律。但是这一时期“纲领”“决议案”“宣言”等文件的制定只是基于一个政党组织的成立的传统，更像是一种告知书、宣言，宣告党的成立。随着党组织的发展壮大，规范党组织和党员行为的需要越来越迫切，对违反党的决定的行为的处罚也需要更加严厉。传统的党的“决定案”“宣言”“报告”“方针”等文件在规范性、权威性和执行力上难以满足党的发展壮大的需要。如果不规范党的文件，对党组织和党员干部的约束力会越来越小，党组织和党员会频繁出现违反党的决定的行为。这时迫切需要一种更为权威、更具有约束力和法律效力的规范党内关系的形式出现，用来约束党组织和党员行为，以适应党组织和党员大规模发展的需要，“党内法规”的概念呼之欲出。

特别是到了抗战时期，这种情况越来越迫切，中共中央先后出现了张国焘和王明两个人严重违反党的统一纪律的行为。毛泽东在中共扩大的六届六中全会《中国共产党在民族战争中的地位》中就指出，“鉴于张国焘严重地破坏纪律的行为，必须重申党的纪律”，“由于破坏纪律的人，是由于他们不懂得什么是党的纪律”，“有些明知故犯的人，例如张国焘，则利用党员的无

知以售其奸”,“避免再发生张国焘事件”,使党内关系走上正轨,“还须制定一种较详细的党内法规,以统一各级领导机关的行动”。[①]刘少奇也在1938年9月14日至27日的中共中央政治局会议上多次提出,鉴于“十二月会议后,王明在武汉工作期间,有过一系列严重违背组织原则的做法:他置中共中央于不顾,不服从中央的决定,在外公开发表同中央不一致的意见,擅自使用中央甚至毛泽东的名义发表文件,拒不遵守纪律等”“现在党内要制定一种党规,进行党的建设”,“针对党的领导层的状况提出问题”,“本着个人服从组织、少数服从多数、下级服从上级的原则形成一个‘党规’”。[②]这些新的情况的发生与内没有在“条文上亦应规定法律上非团结不可”有关,为了保证党的团结统一,避免个人破坏党的团结与统一,除了在政治上思想上达到统一以外,应该制定“党规党法”来保证党的团结与统一。

从纪律角度,维护党的团结统一,是党内法规制度建设理论的起点。“党内法规”的提出标志着党内法规制度理论的产生。这一时期党内法规主要用来规范“党内关系”,并且更多的是使党内关系正常化,并没有形成一个完整的认识,特别是党内法规对于党组织与党组织之间、党员与党员之间的关系等没有深入讨论和认识,对于党内法规的认识经历了一个循序渐进的过程。直到在党的七大上,刘少奇在《关于修改党章的报告》中,才完整提出了党内法规制度理论。刘少奇指出,“党章,党的法规,不仅是要规定党的基本原则,而且要根据这些原则规定党的组织之实际行动的方法,规定党的组织形式与党的内部生活的规则”,具备了当前党内法规定义的初步形态,将“党内关系”进一步细化,特别是这一时期党的民主集中制的认识更加成熟,有了完整的理论形态,促使对“党内法规”的认识更加成熟。党内法规主要用来调节党组织与组织之间、组织与个人之间、个人与个人之间的关系。而关于党内

① 《毛泽东选集》(第二卷),人民出版社,1991年,第528页。

② 中共中央文献研究室编:《刘少奇传》(上),中央文献出版社,1998年,第336页。

法规的制定，刘少奇在《论党》中也进行了初步阐述，“一切决议和法规的制订是经过充分准备和仔细考虑的”，“全党是有一切党员都要履行的统一的党章和统一的纪律的”。[①]这就要求，党内法规在制定过程中必须遵循党章原则和党的统一纪律原则，以党章为根本大法地位，维护党的团结统一的目的出发，其他任何党内法规必须不得与党章相冲突和相违背，不得破坏党的团结统一。至此，关于党内法规制度的理论已经成型，虽然恩格斯、列宁多次提出党内法规的概念，但是直到中国共产党在抗战时期才正式在党内提出，开辟了马克思主义政党学说的新领域。

蕴含丰富的党内法规制度建设的理念。党内法规制度在建设过程中含有一定的“内在理念”，体现出党内法规制度的精气神。[②]党内法规制度建设围绕着党的价值取向，展示出不同的党内法规制度形态。抗战时期党内法规在建设过程中贯穿着政治性、人民性、理性的理念。其中政治性居首位，理性拖底，人民性居中，共同构成了抗战时期党内法规制度的精气神。

坚持政治性理念。抗战时期党内法规制度建设的政治性理念，就是坚持正确的政治方向，通过党内法规维护中央权威，维护党的团结统一，同以毛泽东同志为代表的党中央保持高度一致。具体表现在，在党内法规制度建设过程中坚持围绕党的政治路线和思想路线；坚持党的集体领导和个人分工负责相结合；维护党的团结统一，遵守党的政治纪律；充分发扬民主，正确对待犯错误的同志；坚持经常性的请示报告，加强上下级之间联系等。以党内法规制度建设增强政治性，通过党内法规制度，使增强政治性有了具体的内容形态。1938 年中共中央扩大的六届六中全会通过的决议中，提出了党内政治生活的基本原则，加强党纪律和民主化，使政治性有了具体的内容。同时

① 《建党以来重要文献选编》(第二十二册)，中央文献出版社，2011 年，第 422 页。

② 崔言鹏：《新时代党内法规制度建设的“规范建构”与“内在理念”》，《中共成都市委党校学报》，2019 年第 1 期。

还强调了“四个服从”,维护党的统一的纪律等,政治性内容得到充分展现。除此以外,通过党内法规制度具体化为党员干部的行为模式。坚定党的政治路线,坚持正确的政治立场和方向,通过党内法规制度转为党员干部的具体行为要求,违反要求将得到党的纪律处分,使政治建设的内容不再是空洞的口号。以增强政治性塑造党内法规制度建设,用政治性理念引领党内法规制度内容。抗战时期党内法规制度建设以政治性统领,坚持实事求是的思想路线,把马克思列宁主义与中国具体实践相结合,强调“四个服从”,维护党的团结统一,确保党内法规制度建设在党中央的正确领导下坚持正确的方向,而在内容上也充分体现了政治性的理念。

坚持以人民性理念。抗战时期党内法规制度建设始终将维护广大人民群众利益作为法规的依据和出发点,坚持人民群众立场,始终同人民群众保持血肉联系,把是否维护人民群众利益作为检验党内法规制度的依据。以人民群众为本,坚持从群众中来,制定党内法规制度。抗战时期,中国共产党新民主主义革命任务,加强党的建设,提出了群众是真正英雄的观点,为群众谋利益是共产党革命的出发点和归宿,因此以人民群众为本,为人民群众的利益而立是党内法规制度的根本目的。群众的意见是共产党制定政策的基础,更是党内法规制度建设的基础,党内法规制度的制定必须坚持“从群众中来”,“集中起来”,化为党内法规制定的依据。与此同时,严格执行党内法规制度,将全心全意为人民服务的理念贯穿于党内法规制度执行全过程。坚持“到群众中去”,以人民群众的满意度作为党路线方针政策和党内法规制度的判断依据。加强人民群众对党内法规制度的监督工作,积极进行批评与自我批评,把群众路线基本精神载入党内法规制度全过程。

坚持理性理念。理性是相对于感性、本能、直觉等“非理性”而言,人们在很大程度上将理性思维等同于逻辑思维。党内法规制度建设的理性,指的是依靠党内法规制度的逻辑思维、科学思维来实现管党治党,而不是将党的建设和国家的命运寄托于极个别的领导人身上，是集体智慧的结晶。党内法规制度建设只有遵循理性思维，党的建设才能在制度的轨道上正常运行。抗战时期，以毛泽东为代表的中国共产党人，坚持理性思维，运用马克思主义的立场、观点和方法，充分考虑中国的实际情况，同以博古、王明等“左”倾错误和右的错误进行坚决的斗争，最终使中国共产党走向了正确方向。抗战时期党内法规制度建设的理性理念，主要体现在两个方面，一方面是党内法规制度建设合乎规律。党内法规制度建设是由经济基础决定的，是一个历史阶段的上层建筑的反映，与社会历史发展阶段相适应。同时党内法规制度建设本身也是有自己的规律性。党内法规制度建设由党的制度发展而来，为了提高其权威性、约束力和执行力，逐步将其上升到更高位阶的党内法规。同时党内法规制度建设离不开所处历史环境的影响，特别是战争环境会促使党内法规制度建设带有深深的战时烙印。

抗战时期党内法规制度建设，首先合乎马克思主义的基本原理，充分运用了马克思主义的唯物辩证法和唯物史观。同时与中国的具体实践相结合，结合中国传统的历史文化背景，坚持实事求是的方法论，将党内法规制度建设融入新民主主义革命的任务中。除此之外，与中国共产党自身建设规律相统一，是遵循党的建设规律的结果。另一方面是党内法规制度建设充分发扬民主，使党内法规制度具有“合法性”。这里的合法性，指的是党员干部对于党内法规制度的认同程度。党内法规制度作为全体党员干部和党组织应遵循的行为规则，反映的是党内的共识，而不是某个领导人或几个领导人的意志，更不能被某些利益集团或者权力操控。而合乎理性的党内法规制度，必须是在广泛的民主基础上制定的，而不是形式上的民主，必须征得广大党员干部的意见，积极调动广大党员干部的积极性、创造性。同时，必须经过充分的调查研究，实事求是的民主协商，经过集中指导下的民主和民主基础上的集中两个步骤，达成党内法规制度。

抗战时期党内法规制度建设，经过了“合法性”的考验。从中央权力角度，第二次抗日民族统一战线的建立，中国共产党领导的延安边区政府取得了合法地位，中国共产党也成为拥有合法地位的执政党。从中国共产党自身角度，抗战时期的党内法规制度，无论在内容，还是程序，以及制度形态，虽然存在着诸多的缺陷，但是征得了广大党员干部的意见，获得了党员的同意，最终在党的会议上通过，符合当时形势的需要，是中国共产党总结经验教训的结果，更是中国共产党丰富实践的产物，是集中全党智慧的结晶。抗战时期党内法规制度建设的理念，远比本书概括的复杂得多，由于考察的角度不同，也会得出关于建设理念的不同内容。正是这些丰富的理念，保证了党内法规制度建设的方向和价值取向，给党的理论建设提供了丰富的内容。

毛泽东建党学说的重要组成部分。抗战时期党内法规制度建设理论是抗战时期党的制度建设理论的重要组成部分，是毛泽东建党学说的重要理论。毛泽东建党学说经历了初步形成、正式形成、成熟和发展四个阶段，成功解决了在无产阶级人数较少但战斗力很强，农民和小资产阶级占人口大多数的国家，如何建设一个具有广大群众性的、马克思主义的先进的无产阶级政党任务，丰富了马克思列宁主义党的学说。毛泽东建党学说在初步形成时期，明确了中国共产党的性质，是无产阶级政党，是代表中国无产阶级及贫苦人民群众的利益而奋斗的先锋军；制定了党的纲领，分析了中国社会的性质，革命的性质、动力及对象，并且将党的纲领分为最低纲领和最高纲领；规定了党的组织制度和组织原则，必须按照民主集中制原则建立起来；提出了党员的基本条件，强调党员和党组织的纯洁性和战斗力；严格了党的纪律，必须坚持“四个服从”等。

毛泽东建党学说在正式形成时期，提出克服党内各种非无产阶级思想，加强无产阶级思想的领导，坚持实事求是的思想路线；在组织建设上，强调党的组织建设的重要性，实行正确的党员发展路线，健全党的基层组织，坚持集中指导下的民主生活；在政治建设上，坚持党对军队的绝对领导，正确处理好军事与政治的关系，坚持一系列党的政治工作原则；在群众工作上，提出群众路线的科学概念，正确认识人民群众的作用，群众路线的党的领导方式和工作方法等。毛泽东建党学说在成熟阶段，提出党的建设必须密切联系党的政治路线；着重从思想上建党的基本原理，完整阐述实事求是的思想路线，要从思想上入党；提出任人唯贤的干部路线，德才兼备的干部标准，知人善任的干部政策，五湖四海的干部方针；明确概括出党的三大作风，加强调查研究，从党性上加强党的作风建设；提出正确开展党内斗争的方针，"惩前毖后，治病救人"；完整阐述民主集中制，依靠民主集中制调动全党的积极性等。

毛泽东建党学说在继续发展阶段，提出建立严格的报告制度，维护党的团结统一；健全党委制，加强党的集体领导；改进党的领导方法，提高领导艺术等。以毛泽东为代表的老一辈无产阶级革命家，在新民主主义革命的实践中，根据马克思列宁主义建党学说的基本原理，总结党的建设的丰富经验，逐步上升到理性认识，最终产生和形成了中共特色的建党理论即毛泽东建党学说。

抗战时期党内法规制度建设理论作为毛泽东建党学说的重要组成部分，重要性主要体现在以下几个方面：第一，以党内法规制度规定毛泽东建党学说中的组织建设理论。通过党章及其发挥临时党章作用的决议，规定党的组织路线、组织原则、党员队伍建设理论、干部队伍建设理论，使毛泽东建党学说在组织建设理论上有完整体系；第二，以党内法规制度规定毛泽东建党学说中的政治建设理论。通过瓦窑堡会议决议、洛川会议决议、党的六届六中全会决议等决议规定党的政治路线的内容，确保党的政治路线贯彻落实，使毛泽东建党学说在党的政治建设理论上有了明确内容；第三，以党内法规制度规定毛泽东建党学说中的思想建设理论。通过党的宣传教育法规，规定党的思想建设内容、形式和途径，明确着重从思想上建党的基本原理，为毛泽东建党学说思想建设理论提供制度支撑；第四，以党内法规制度规定毛泽东建党学说中的作风建设理论。通过党的作风建设的相关法规，规定了党的作风建设重要性，作风建设的内容，加强党的作风建设的途径，为毛泽东建党学说的作风建设理论上有了具体内容；第五，以党内法规制度规定毛泽东建党学说中纪律建设理论。规定了党的纪律建设的内容，党的纪律检查机关体制，以及对党员和组织处理的方式，为毛泽东建党学说纪律建设理论提供了制度支撑等。总之，作为毛泽东建党学说的重要组成部分，抗战时期党内法规制度建设理论，为党的制度建设奠定了理论基础，开启了党内法规制度建设的新领域。

二、初步形成党内法规制度体系，开启制度治党初级阶段

抗战时期党内法规制度建设初步形成了以七大党章为根本，以民主集中制为核心，涵盖党的思想建设、组织建设、作风建设、党员干部队伍建设和纪律建设的党内法规制度体系。尽管抗战时期受战争环境和革命形势的影响，党内法规制度在管党制度过程中发挥的作用受到限制，但是中国共产党仍然在残酷的革命环境中重视党内法规制度建设，没有放松党的制度建设，形成了加强党的制度建设的优良传统，为改革开放后加强党的制度建设，依靠制度治党，而不是靠运动，解决党内存在问题奠定了良好的历史基础。

初步形成党内法规制度体系。抗战时期党内法规制度在横向内容上和纵向位阶上初步形成了党内法规制度体系。与其说是党内法规制度体系，不如说是党内法规制度集群。在横向内容上，以起临时党章作用的党的六届六中全会决议和党的七大通过的《中国共产党党章》为根本，以民主集中制为核心，包含党的思想建设法规、党的组织建设法规、党员干部法规和党的纪

律建设法规。其中党的思想建设法规在内容上以着重从思想建设建党相关法规,党的宣传鼓动工作法规和党内教育工作法规为主,涉及党内法规制度三十四部。党的组织建设法规在内容上以党的组织路线相关法规,党的基本组织原则包含民主集中制原则和党内政治生活原则相关法规，党的组织体系建设相关法规,党的三大作风和正确开展党内斗争的相关法规,涉及党内法规制度二十六部。党员干部法规在内容上以加强党员队伍建设相关法规,干部队伍建设相关法规和增强党性相关法规,涉及党内法规制度二十一部。党的纪律建设法规在内容上以党的纪律建设的内容相关法规，党的纪律检查机关体制相关法规,以及对党组织和党员违纪处置方式的相关法规,涉及党内法规制度五部。在纵向位阶上,抗战时期党内法规制度体系,大体上分为三个位阶：第一位阶为起临时党章作用的六届六中全会决议和党的七大通过的《中国共产党党章》;第二位阶为中国共产党第六届中央委员会和中央政治局会议通过的党内法规制度,通常以决定或决议的形式发布;第三位阶为中央各部委,包括中央书记处、中央组织部、中央宣传部或中央宣传教育部、中央青委等各部委制定的党内法规制度。这一时期党内法规制度体系,从无到有,从点到面,再到党内法规制度集群,确立了党的民主集中制原则,形成了党的组织制度、党的领导制度、党的工作制度、党内生活制度等,与毛泽东建党思想同向同行,逐步完善,日益出现体系化特征,接近党内法规制度体系的目标。

把党内法规制度作为管党治党的重要依据。党内法规制度主要用来调节党的关系,指导党内生活,实现党的意志,规范党员行为,从而实现党的任务和目标。党内法规制度在抗战时期有多种形态组成，包括党内规范性文件,党内惯例和党内法规等常见的制度形态。党内法规是这一系列制度形式的最高形态,是党内制度成熟以后,将其上升到党内法规高度。抗战时期党内法规制度建设最重要的贡献，就是开始将党内法规制度作为管党治党的重要依据，在党的建设中越来越发挥着重要作用。从党内法规概念提出的过程，就能说明党内法规作为管党治党依据的重要性。中国共产党自成立开始就注重党内法规制度建设，但是仍然在抗战时期发生了张国焘、王明等严重违反党的纪律的行为。因此，在1938年党的六届六中全会上，毛泽东提出了应当制定一种"党内法规"以规范党内关系。这也就说明，以毛泽东、刘少奇为代表的共产党人，开始将党内法规作为管党治党的重要制度，把党内出现各种问题寄希望于高级别的党内法规制度来解决。事实证明，自中国共产党扩大的六届六中全会把党的注意力转移到党内法规制度上以后，党内关系逐渐正常化，严重违反党的纪律的行为得以遏制。特别是一大批党内法规制度的出台，促使党的发展适应了抗战时期党组织和党员大量发展的需要。党内法规制度作为规范党组织运作和党员行为的重要制度，逐渐成为管党治党的重要依据。

把制度治党作为管党治党的重要方式。抗战时期党内法规制度建设开启了党的制度建设的初级阶段，把制度治党作为管党治党的重要方式，但是并不是说抗战时期党的制度建设已经成为管党治党的模式，而是将党的制度建设作为一种选择模式开始孕育。制度是政党正常运行的基本要素，也是政党保持稳定健康的基本保障，关系到政党的兴衰成败。制度在政党治理中是衡量政党治理能力、管理水平、组织力量，以及事业发展的重要指标。一个马克思主义政党单纯靠理想信念是难以维持长久的，靠口号标语、个人威望、领袖魅力也是远远不够的，必须拥有稳定有序的制度机制，通过制度机制来引导政党的发展方向，调动广大党员干部的积极性，规范党组织的发展，同时惩戒那些犯了错误的党组织和党员干部，纠正他们的错误行为，用制度的权威来保证党的目标的实现。制度治党作为管党治党的重要方式和基本途径，是现代政党的显著标志。通过政党的领导来带领人民夺取国家政权，颁布施政纲领的过程中，制度化水平往往影响着政党目标的实现。

制度治党作为一种治理方式,在政党治理中往往发挥三个方面作用:第一,指导和约束作用。制度特别是党内法规制度往往以“可以”“必须”“禁止”等明确性的要求来约束党员和党组织行为,能够让广大党员干部和党组织在理性认识的基础上,约束自己的行为,避免产生违反党内法规制度的结果;第二,激励和制裁作用。制度尤其党内法规制度拥有鲜明的价值导向,能够鞭策和激励党员干部为党的事业而努力工作,同时党内法规制度也会明确哪些行为是禁止的,以及如果违背相关党内法规制度规定应当承担的后果和惩罚;第三,规范和稳定作用。党内法规制度一般通过比较简明的方式对党员干部和党组织的行为、关系和运行进行规范化表达,为党员干部和党组织行为和运行提供遵循的依据。并且党内法规制度在一定时间范围内是相对稳定的,具有较强的实用性和约束性,保障政党在相对时间内稳定运行,避免不可控的情况发生。总之,制度作为一种政党治理的方式,对于政党运行和政党目标的实现都有着积极而重要的作用。

由于制度在政党发展中具有重要作用,中国共产党从诞生之日起就注重加强党的制度建设。抗战时期是中国共产党加强制度建设的奠基时期,也是党的制度建设突飞猛进时期。1921 年 7 月,中国共产党第一次全国代表大会通过了第一个纲领,是第一个具有党章性质的党内法规制度,是党的制度建设的起点。1922 年 7 月,中国共产党第二次全国代表大会通过的《中国共产党章程》,是党的历史上第一个党章,也是党内历史上第一个正式的党内法规制度。1927 年中国共产党通过的《中国共产党第三次修正章程决案》则第一次在党章中明确提出了民主集中制原则。抗战时期,中国共产党党内形成了一系列好的制度,包括高级干部学习组制度、调查研究制度、批评与自我批评相结合的党内民主生活制度等。党的七大党章,第一次规定了党员的选举权利,建立了党内选举制度,党的民主集中制完全成熟,也迎来了党的制度建设的高潮。1948 年 1 月,中共中央又发布了《关于建立报告制度》的党内指示，党内报告制度开始建立。总之，这一时期，中国共产党以民主集中制为基本原则，初步形成了党内选举制度、定期会议制度、工作报告制度、支部工作制度、监察制度、党员管理制度以及党费交纳制度等，[①]不断加强党的制度建设，为思想建党提供了坚强的制度保障，也为党领导人民反对日本帝国主义侵略提供了坚实的制度保障。

从这一段历程来看，以毛泽东为代表的中国共产党人在领导人民群众完成“思想建党”的历史，也是党的制度建设的发展史。在制度建设的引领下，中国共产党完成了建党任务，凝聚了战斗力，民主集中制原则逐渐成熟，组织体系更加健全，党开始以局部执政党的姿态站在中国人民面前，走向了领导核心地位，制度治党的思想开始形成。但是受党内形势和国际国内形势的影响，制度治党思想在新中国成立后，并没有成为主流。中国共产党习惯于革命时期靠群众运动方式管党治党，制度治党只起到辅助作用，当党内再遇到问题时，仍然习惯于靠群众运动方式，寄托于靠领袖的力量来解决党内存在的问题。直到改革开放以后，中国共产党才走出了一条不靠运动，靠制度管党治党的新路子。

抗战时期党内法规制度建设充分发挥了党的制度建设的效能，对于中国共产党的建设具有重要作用，主要体现在三个方面：第一，党内法规制度建设是党的建设的标尺。抗战时期党的建设的目标任务、价值取向，会在党内法规制度中予以明确，例如瓦窑堡会议决议、洛川会议决议规定了党的抗日民族统一战线政治路线，党的七大阐述的新民主主义国家任务。党内法规制度会成为判断这一时期党组织和党员行为是否符合党的任务的重要行动指南和行为标尺；第二，党内法规制度为毛泽东“思想建党”提供了有益补充。思想建党是毛泽东建党学说的基本原理，也是毛泽东建党思想的灵魂。

① 秦强：《制度治党》，人民出版社，2021 年，第 4 页。

没有“思想建党”,就没有中国共产党。中国共产党就无法从狭小的范围内走出来,更无法完成历史赋予党的任务。思想建设是党的基础建设。但是思想建设并不是万能的,必须加强思想建设的同时加强制度建设,用制度的刚性约束和规范党的思想建设,确保党的思想建设的有效性;第三,党内法规制度为毛泽东建党思想提供有力的制度保障。抗战时期党内法规制度通过其稳定性和权威性,促使违反党内法规制度的党员和党组织受到处分和制裁,进而约束自己的行为。这种强制性和约束力不因领导人的改变而改变,确保了毛泽东建党思想发挥长期的作用。

三、以党内法规制度建设规范党的建设,推进党的建设伟大工程

抗战时期党内法规制度建设以法规制度形式促使党的建设在多方面展开,创建或调整了党的政治路线,规范了党的组织体系,保障了党员干部既在“组织上入党”,又在“思想上入党”,保持了党员干部的纯洁性,培养了与广大人民群众的密切联系,使党从狭小范围内成为一个全国范围的、广大群众性的、思想上政治上组织上完全巩固的布尔什维克化的中国共产党,取得了抗战胜利和党的发展。

以法规制度形式创建或调整党的政治路线。党内法规制度建设在实践过程中能够创建或调整一种秩序,是中国共产党进行安排党的建设活动的重要工具。抗战时期通过重大会议的决定或者党内重要文件的形式,对党的政治路线予以创建或调整。1935 年 12 月瓦窑堡会议鉴于当时的民族矛盾的转变,及时地制定并通过了决议,对新的形势下的党的基本路线进行了重新设计,制定了建立抗日统一战线的政治路线,促使党从国内阶级矛盾的斗争中醒悟过来,这一明确的政治纲领凸显了党内法规制度对于党的政治路线、目标和任务的创建功能。创建工作完成后,党的政治路线还没有实现真正的

转变，只是在政治上宣布了党今后的政治任务，起到了宣传告知作用。直到1937 年 8 月召开的洛川会议，通过党内决定的形式，明确了新阶段党的任务，实现了党的政治路线的转变。并且洛川会议决议提出了建立抗日民族统一战线后党的任务，即全面的全民族的抗战路线。这一明确的抗战任务，凸显了党内法规制度对于党的政治路线的调整功能。在抗日战争即将胜利，民族矛盾即将消失，阶级矛盾又将上升的时候，党的七大通过的党内法规制度又再一次对党的政治路线进行创建和调整，提出了建立新民主主义中国的政治路线，明确了中国的发展前途，即“将中国建设成为一个独立、自由、民主、统一、富强的新中国”，并且制定了党的基本路线，即放手发动群众，壮大人民力量，在中国共产党的领导下，打败日本侵略者，解放全国人民，建立一个新民主主义的中国。但是随着以蒋介石为代表的国民党坚持独裁，发动内战，和平建国的愿望破灭后，1947 年 12 月中共中央扩大会议通过的党内重要文件，又对新民主主义的政治路线重新调整，要“组成民族统一战线，打倒蒋介石独裁政府，成立民主联合政府”。抗战时期党内法规制度在党的政治路线建立或调整中发挥了重要作用，对党的政治路线的及时建立或调整，为党和人民指出正确的斗争方向。

以法规形式规范和完善党的组织体系。“规范”，从语言学含义上核心要义是阻止无序状态，以防止蔓延。而在党内法规制度领域，也包含着阻止无序状态，维护有序状态的功能。党内法规通过一系列法规条文的约束和规范，使党内组织上下有序，分工合作，抑制组织可能存在的无组织、无原则和无纪律状态。党内法规的存在使党的组织体系的建立与运行，有规可依，有规必依，使党组织和党员活动和行为受到约束，纪律意识提升，最终党内风气也会更加正派，更加严谨，形成一定的政治秩序。进入延安之前，党的组织受党内“左”倾错误影响，几乎损失殆尽，如何恢复和建立党的组织体系成为进入延安之后党的首要任务。1937 年 12 月，中共中央调整了党的组织架构，改组了书记处，建立长江局、中南分局、边区党委等组织，并且制定了政治局、书记处和中央工作规则和纪律的草案，完善了党的中央组织体系。1938年9月中共扩大的六届六中全会又进一步制定了关于中央委员会，各级党部和各级党委的工作规则和纪律，完善了从中央到地方再到基层的党的组织体系，同时完善了党的工作部门和党外组织中的党团的设置，党的组织体系得以恢复和发展。1939年8月中共中央又通过了巩固党的组织的法规文件，对党组织进行整理和巩固。1943年3月，中共中央又通过了机构调整和精简的法规文件，进一步提高了党的组织的工作效率。1945年党的七大通过的党章中，对党的组织体系进一步明确和完善，形成了党的“一体两翼”，即一体为从中央到地方再到基层的，一翼为党的工作部门，另一翼为党组的组织架构。除了完善党的组织体系以外，对于上下级组织之间的关系原则、选举原则、集体领导原则、四个服从原则，请示报告制度等都通过相应的党内法规制度进行了规定，确保了党组织建立后能够拥有合理、高效和完备的运行机制。在党内法规制度的规范下，党的组织和党员遵守组织纪律的能力提高了，党的组织能力，党的凝聚力，党员的党性也增加了，与人民群众的关系也增强了，党的威信和影响力也提高了，再也不是局限在狭小范围内的党了，而是拥有着广大的组织力量和党员干部，与人民群众在一起的党了，党的局部执政地位进一步得到巩固。正是由于这一系列党内法规制度的执行与实施，使党内法规制度具有了规范党组织，完善党组织的能力，阻止了党组织无序状态，最终带领人民完成了对帝国主义和封建军阀的任务，建立了新中国。

以法规形式保障党员干部在思想上入党。党内法规的保障功能是指党内法规通过一系列的思想教育形式、途径和内容，使党员干部拥有马克思主义政党的责任，摆脱非无产阶级的思想认识，完成无产阶级世界观和方法论的转变。不同于马克思列宁主义所阐述的无产阶级政党的建党条件，中国处在半殖民半封建社会,农民和小资产阶级占大多数,工人阶级占少数,并且资产阶级也分为地主阶级、买办阶级和民族资产阶级。如何在这种情况下建立先进的无产阶级政党,是中国共产党成立后首先要解决的问题,否则就会局限于狭小范围内,打开不了新的局面。

大革命时期,中国共产党没有找到解决的方法,没有逃脱列宁式的少数职业革命家组织的范畴,直到土地革命时期,毛泽东提出了"着重从思想上建党"的基本原理,党的发展才迎来了新的生机。但是在进入延安之前,大革命失败后,中国共产党受共产国际的影响,在坚持马克思主义列宁主义理论上,出现了教条化、僵化倾向,导致了党始终没有从思想的禁锢中走出来,连续三次发生了"左"倾错误,给党的发展造成了巨大灾难,特别是以王明为代表的第三次"左"倾错误,几乎使党的组织和党员干部损失殆尽。随着抗战时期对"思想建党"原理的理解深入,抛弃了过去发展党员上的"唯成分论",注重从思想上加强马克思列宁主义理论教育,实事求是的思想路线教育,不断推进马克思主义中国化,打开了党的发展的新局面。但是随着党员干部的大量发展,以毛泽东为代表的中国共产党人,发现有的党员干部虽然从组织上入党了,在思想上并没有入党,甚至完全没有入党。

为此,从 1942 年全党的普遍的整风思想教育运动开始,大量党的思想教育党内法规文件制定和出台,建立了在职干部教育制度、支部教育制度和党校、培训班等教育制度,开创了整党整风的思想教育形式,使大量党员干部完成了思想上入党的任务,掌握了马克思主义的世界观和方法论,注重把马克思主义基本原理与中国具体实践相结合, 党员干部在思想上完成了一次蜕变。党内法规制度在其中起到了重要作用,通过一系列党的决议和党的重要文件,对党的思想教育运动全程规划,为党组织和党员如何进行思想教育设定了基本的原则和规则, 明确具体的学习任务, 通过建立调查研究制度,批评与自我批评的党内生活制度,激励党员干部保持思想上的先进性,最终激发了党内法规的保障功能,达到了保障党员干部思想入党的目的,为保持中国共产党的先进性提供了制度上的源头。思想局限的突破,为中国共产党开辟了新的思想天地,为将来一次又一次的推进马克思主义中国化奠定了思想上的基础。

以法规形式保持党员干部的纯洁性。党内法规制度的保持功能是指通过相关党的纪律法规的强制力予以规劝、惩戒保持党员干部的纯洁性和先进性。党内法规制度的保持功能主要依赖于相关党的纪律法规发挥作用。党内法规制度作为执行党的纪律的重要工具,在保持党员干部纯洁性上具有重要作用。抗战时期保持中国共产党的纯洁性,除了靠理想信念教育以外,主要靠党的纪律的惩戒。通过对党组织和党员的行为进行规范,塑造一种规则意识,使党员干部在做事的时候以此为标杆,严格要求自己,遵守纪律红线。

1935 年 12 月瓦窑堡会议确立党的抗日民族统一战线的政治路线之后,加强党的政治纪律教育成为党的纪律建设的主要内容。而在 1937 年 8 月党的洛川会议党的政治路线转变之后,贯彻落实党的政治路线,确保党的政治路线落实到位,成为是否遵守党的政治纪律的重要标尺。1938 年 9 月,党的六届六中全会,针对张国焘、王明严重违反党的组织纪律的行为,毛泽东提出了制定“党内法规”的想法,维护党的集中统一,保持党中央的团结。1941 年 7 月中共中央又制定了关于增强党性的党内法规制度,再一次强调了遵守党的纪律的重要性,并将其上升到党性的高度,维护党的团结统一。1942 年 9 月,为了加强党的集中统一领导,党中央调整了党的领导和组织之间的关系,实行党的一元化领导,进一步强调党的组织纪律。除了政治纪律、组织纪律以外,党中央还制定了关于宣传纪律,遵守党的秘密工作纪律,以及廉洁纪律和群众纪律,对党员干部和组织的行为、活动进行了详细规定,在党内形成了党员干部和党组织的行为标准。

这一系列党的纪律与党内法规，对于提高党员干部的质量，提高党员干部素质具有重要作用。党的纪律法规制定后，严格执行党的纪律，及时对党员干部惩戒，纠正错误行为，发挥党内法规制度惩戒功能，对于保持党的纯洁性至关重要。通过对党组织和党员干部的处分方式，对触犯党的纪律行为进行惩戒和警示，建立起了保持党员干部纯洁性的一道防线。党的七大通过的党章对党组织和党员的处分方式进行了明确规定。以“惩前毖后，治病救人”为基本原则，党的纪律处分的相关规定在保持党员干部纯洁性，发挥党的先进性上起到了重要作用。同时，党的七大党章还对党的处分方式予以创新，除了基本的惩戒规定以外，还制定了相应的奖励条款，使党的纪律法规在发挥惩戒功能的同时，发挥激励功能。抗战时期保持党员干部的纯洁性是党的建设的重要任务，是党建设伟大工程的重要支撑。

以法规形式培养与广大人民群众的密切联系。党内法规制度的培养功能是指依靠党内法规蕴含的教育属性，达到党员干部自觉与人民群众保持密切联系的目的。与广大人民群众保持密切联系是党的建设伟大工程的关键，也是衡量党的建设伟大工程是否成功的重要指标。与广大人民群众保持密切联系在不同时期具体的表现是不同的。在土地革命时期，与广大人民群众的密切联系，主要表现为关心群众生活，注意工作方法。通过党内法规制度规定党的群众纪律，使党员干部保持密切联系的同时，不打扰群众，维护群众利益，在工作时给人民群众以物质利益，使党的路线方针政策符合群众需要。在抗战时期，与广大人民群众的密切联系，主要表现为坚持一切为了群众，一切依靠群众，从群众中来，到群众中去，把党的路线方针政策化为群众的自觉行动的领导方法。通过党内法规制度规定党的群众路线的领导方法，反对主观主义的和官僚主义的领导方法，完成党的思想改造的任务。

在党的七大上，与广大人民群众的密切联系主要表现为倾听人民群众的呼声和需要，帮人民群众组织起来，启发和提高人民群众觉悟，不能脱离人民群众，防止尾巴主义、命令主义、官僚主义和军阀主义等脱离人民群众倾向。通过党内法规制度规范中国共产党人全心全意为人民服务的精神。中国共产党的领导的关键就是宣传群众、引导群众、组织群众、依靠群众、服务群众。党内法规制度的重要性就在于这一系列与人民群众发生关系的过程中，规范党的宗旨，明确党的目标任务，同时规范党员干部的行为，确保党员干部为人民群众而斗争。

总之，抗战时期通过党内法规制度建设，发挥了党内法规制度的规范功能和强制功能，使毛泽东“着重从思想建党”原理有了制度性约束，促进了党的组织体系的恢复和发展，扩大了党员干部的数量，建立了坚实的群众基础，确保了全党以党的政治路线为中心，推动了党的建设的伟大工程，为党肩负起为了更重大责任奠定了坚实的基础。

第二节　抗战时期党内法规制度建设的鲜明特点

党内法规制度建设总是围绕着党的历史任务，同时围绕着这个党的历史任务制定的路线方针政策联系在一起。[①]抗战时期党内法规制度建设以反对日本帝国主义为总任务，与党的抗日民族统一战线的政策密切联系在一起，紧紧围绕党的建设的伟大工程，结合抗战时期的特殊的历史环境，呈现这一时期党内法规制度建设的鲜明特点。抗战时期党内法规制度建设从制定，到内容体系，到执行，再到最后评估每个程序都有自己的鲜明特色。

① 李斌雄：《扎进制度的笼子》，武汉出版社，2017 年，第 62 页。

一、在制定上对思想性、政治性和组织性要求较高，但缺乏严密性

严格的党内法规制度的制定程序应当包括制定计划或规划，组织起草，审批与发布等具体步骤。抗战时期党内法规制度在制定程序上对党内法规制度的政治性和思想性、组织性和纪律性要求较高，但是缺乏严密的制定程序。

带有强烈的组织性和纪律性。抗战时期党内法规制度在建设过程中没有严格的制定程序，我们以中共中央委员会或全国代表大会、中共中央政治局和中共中央各部委通过的党内法规制度的制定为例，分析其在制定上存在的特点。首先，中共中央委员会或全国代表大会制定通过的党内法规制度。抗战时期由中共中央委员会通过制定的党内法规制度主要有六届六中全会通过制定的党内法规制度，党的六届七中全会通过制定的《关于若干历史问题的决议》，以及中国共产党第七次全国代表大会《中国共产党党章》《关于政治报告的决议案》和《选举新的中央委员会条例》。党的六届六中全会通过的党内法规制度的制定是有充分准备的。党的六届六中全会召开前，中共中央政治局于1938年9月14日至26日召开了一次中共中央政治局会议，对六届六中全会上党内法规制度的制定进行了充分讨论后，决定由毛泽东作政治报告，王明起草以毛泽东政治报告为基础的政治决议案。同时刘少奇在政治局会议上指出“现在党内要制定一种党规，进行党的建设”，目的是“避免个别人破坏党的团结统一”。毛泽东也指出“鉴于王明在十二月会议以来一系列严重违背组织原则的做法，建议在六中全会上通过一个中央工作规则”。这是党的六届六中全会加强党内法规制度建设的最直接原因。并且会议还成立了一个以刘少奇、康生和王明三人为成员的起草委员会，负责对党内法规制度制定的全部事宜。这些程序安排对于六届六中全会党内法

规制度的制定起到了重要作用，最终在会上通过了一个政治决议案和三项关于党的组织纪律建设的党内法规制度文件。从党的组织纪律,维护党的团结统一角度,制定一种规则或制度,以规范党组织和党员的行为,进而演变出党内法规制度的制定。这与当时党所处的客观环境和党内环境是密不可分的。一方面要积极应对来自日本帝国主义的进攻,以及国民党对抗日民族统一战线的破坏;另一方面党内张国焘和王明等严重破坏党的组织纪律,张国焘搞党内分裂活动,王明则多次凌驾于中共中央之上,这与党的民主集中制的建党原则是相违背的。因此,强调组织性和纪律性是党内与党外环境造成的,维护党的集中统一,是抗战时期党内法规制度建设的最显著特点。

思想性要求较高。《关于若干历史问题的决议》的制定是为了总结党的历史经验,取得在一些重大历史问题上思想认识的一致性。关于这个问题，中共中央从 1941 年就开始在中共中央内部出现了关于党的六届四中全会至遵义会议这一时间党的领导路线问题的讨论。为此,1941 年 9 月中共中央召开政治扩大会议成立了以毛泽东为首的清算委员会,负责起草《关于四中全会以来中央领导路线问题结论草案》，但是由于当时所处的历史环境,特别是中共中央在思想认识上没有达成一致认识，就没有提交政治局会议审议此文件。

经过了延安整风,特别是 1943 年经过机构改革,确立了毛泽东中央领导核心的地位以后,1944 年 4 月毛泽东在延安高级会议和中央党校第一部关于党的历史讨论所作的演讲《学习和时局》中,对党的历史上的重要问题,传达了中共中央的结论。这为《关于若干历史问题的决议》的制定奠定了思想基础。1944 年 5 月 10 日中共中央书记处成立了以任弼时为召集人的八人起草小组。关于起草决议的基本方针,任弼时指出“弄清思想,团结同志,分析错误的内容和犯错误的根源,而不着重个人的责任”[①]。任弼时在毛泽东1941年9月起草的《关于四中全会以来中央领导路线问题结论草案》的基础上,特别是延安整风以来党对重大问题的思想认识的新鲜经验,形成了《检讨关于四中全会到遵义会议期间中央领导问题的决定(草案)》初稿。经过胡乔木和张闻天等反复的多达八次的修改,毛泽东修改题目为《关于若干历史问题的决议(草案)》。为了维护党的团结统一,让党的七大更加聚焦建立民主联合政府和新中国这个主要任务,中共中央决定在六届七中全会上审议通过。这充分体现了党内法规制度建设的思想性、政治性特点,统一全党的思想认识,维护党的团结统一。这与新民主主义革命时期中国共产党的建党的方式有关。

中国共产党诞生于半殖民地半封建社会的中国,出身于农民和小资产阶级的党员占大多数,在这种环境下建立先进的无产阶级政党,就迫切需要解决如何才能把党建立成为真正具有马克思主义品质的无产阶级政党这个难题。毛泽东通过深入了解中国最底层社会,以中国传统文化的深厚底蕴为基础,将马克思列宁主义建党理论与之相结合,提出了“着重从思想上建党”的基本原则。虽然毛泽东提出了“思想建党”的基本原理,以此为依托,从组织上建立整个党的组织体系。但是很多党员干部从组织上入了党,但是在思想上并没有完全入党,特别是对党的思想斗争,对党在六届四中全会以后至遵义会议这段历史时期党经过的思想斗争仍然不了解。因此,毛泽东迫切想要解决党员干部“思想入党”的问题,把马克思列宁主义具体化,避免出现党的历史上“左”的和右的错误,清除党内错误思想,以达到党内思想上的统一。“思想建党”这条主线贯穿于抗战时期党内法规制度建设的全过程,因此,对党的思想性要求较高,也是抗战时期党内法规制度建设的鲜明特点之一。

---

① 章学新:《任弼时传》,中央文献出版社,1994年,第546页。

党的七大上通过的《中国共产党党章》是抗战时期党内法规制度建设思想性、政治性特质的集中体现。在党的六届七中全会召开期间，成立了以毛泽东为首的六届七中全会的主席团，全面行使中共中央书记处和中共中央政治局的权力。会议批准了中国共产党第七次全国代表大会的议程，同时对党的七大制定党内法规制度方面作了安排，由刘少奇负责起草七大党章，同时作关于修改党章的报告。1945 年 3 月上旬，党章草案初步形成，随后刘少奇召开了党章座谈会，向全党征求意见。在党的六届七中全会上一致通过了刘少奇负责的党章草案。最终在 6 月 11 日党的七大上通过了《中国共产党党章》。《中国共产党党章》在总纲中提出了毛泽东思想，其中涵盖了党的思想建设、组织建设和作风建设，党的群众路线，全心全意为人民服务宗旨思想等一系列党的重要思想，而在章程中对党员、党的组织体系、党的纪律等作出详细规定，是“思想建党”的集中体现，也是抗战时期党内法规注重思想性、政治性和组织性的最根本展现。

政治性占主导地位。中共中央政治局及中共中央各部委在党内法规制度建设过程中带有明显的政治性特点，更多是完成党的某一项或几项政治任务而制定。例如，瓦窑堡会议通过的《中共中央关于目前政治形势与党的任务决议》，就是为了实现党的政治战略的转变，由土地革命转向抗日战争，提出新形势下的政治路线和战略方针；洛川会议通过的《中共中央关于目前形势与党的任务的决定》和《中国共产党抗日救国十大纲领》则是为了应对抗战任务，解决抗战中的国共关系及红军改编后的任务与方针；《关于大量发展党员的决议》则是针对毛泽东 1938 年 2 月 27 日在中共中央政治局会议上毛泽东提出的建议“大大发展党员，中央应有新的决议”[①]，以抗日战争前期大量发展党员干部为主要政治任务；《中共中央政治局关于巩固党的决

① 中共中央文献研究室编：《毛泽东传》(下)，中央文献出版社，2004 年，第 591 页。

定》则是面对党员短时间内大量发展，迅速增加到了五十多万的庞大数量，陈云提出了“巩固党”要作为当前的主要任务，放慢发展速度，实行边巩固边发展的策略；《关于吸收知识分子的决定》则是毛泽东在总结党的十年知识分子政策经验基础上，要求改变过去对知识分子的态度，提出要大用知识分子的任务；《关于增强党性的决定》则是毛泽东总结皖南事变经验教训基础上，强调要把马克思主义普遍真理与中国革命实际联系起来，与十年反共的蒋介石联系起来，避免教条主义，增强党性思想，这一重大政治任务；《中共中央关于延安在职干部学习的决定》《中共中央关于延安干部学校的决定》和《中共中央关于在职干部教育的决定》则是毛泽东在 1941 年 9 月政治局扩大会议上提出在干部学校中要改变过去存在的主观主义、教条主义，只注重理论教育，忽视理论应用，加强理论联系实际教育，提高在职干部质量的教育任务；《关于统一抗日根据地党的领导及调整各组织间关系的决定》则是中共中央解决抗日根据地领导问题不能统一，“根据地党、军队与党政军委员会形成三权鼎力”问题，捋顺军队和党政民的关系，从组织和思想上解决党的领导问题这一重要任务；《关于中央机构调整及精简的决定》则是毛泽东针对 1941 年 11 月边区二届参议会上李鼎铭等向大会提出的“精兵简政”的议案，提出要改造党的机关中存在机关主义、官僚主义和形式主义问题的重要任务；《关于审查干部的决定》则是中共中央为了纠正整风运动期间康生将审干工作变为抢救失足者运动，造成大量冤假错案，偏离党的干部工作路线问题，防止扩大化，对审查干部工作进一步规范，实现在思想上和组织上清党的重要政治任务。中央政治局和中央各部委聚焦短期内党的主要政治任务，以党的政治路线为依据，规范党内法规制度，具有较强的政治性特点。

制定程序上缺乏严密性。虽然抗战时期党内法规制度在制定上注重思想性、政治性和组织性，但是仍然在程序上存在着缺乏严密性的问题。党的中央全会和代表大会制定的党内法规在一定程度上还相对规范，会提前召开政治局会议，成立起草委员会，并且针对党内法规文件进行充分的讨论，形成初稿，最终在中共中央全会或党的代表大会上通过正式的党内法规制度，有一个相对完整的制定步骤。

例如，党的六届六中全会关于党内法规的制定，中共中央在六届六中全会召开之前，1938 年 9 月 14 日至 26 日期间召开政治局会议研究部署关于党内法规制度制定，成立了以刘少奇、康生和王明三人为主的起草委员会，由毛泽东作政治报告，刘少奇作党规党法的报告，王明负责以政治报告为背景制定政治局议案；党的六届七中全会《关于若干历史问题决议》的制定，也多次召开中共中央政治局会议，成立了以任弼时、刘少奇、周恩来、张闻天、康生、彭真、高岗、博古八人的起草准备委员会，之后又增加了秦邦宪。并且任弼时阐述了清晰明确的制定方针，弄清思想，团结同志。初稿完成后，又由胡乔木和张闻天反复修改了八次，最后经过毛泽东的修改才最终完成。决议内容主要涉及对党的历史上的重大问题作出结论，统一思想的认识，制定过程较为谨慎和严密；党的七大《中国共产党党章》的制定，同样也成立了以刘少奇为主的组织问题准备委员会。刘少奇还负责召开关于修改党章的座谈会，听取各方面的意见。最终在六届七中全会上通过了党章草案，最后在中国共产党第七次全国代表大会上审议通过。

但是中央政治局开展党内法规制度建设时很少单独成立起草委员会，多是由个人根据丰富的自身经历，加上较强的理论文字水平，结合党的建设的经验制定，缺乏严格的制定程序。例如瓦窑堡会议通过的《中共中央关于目前政治形势与党的任务决议》，是张闻天受政治局委托起草的。并且《决议》并不是在瓦窑堡会议召开前就已经制定好，而是由张闻天在会议上作的报告，是政治形势与策略的报告后，经过“政治局已开了三会，很好的讨论了当前的形势、力量与任务"[①]后，才着手起草了决议，最终在会议的最后一天——1935 年 12 月 25 日政治局会议上一致表决通过。于 1936 年 1 月 14 日，发表在《斗争》第八十一期；洛川会议上通过的《中国共产党抗日救国十大纲领》《为动员一切力量争取抗战胜利而斗争》和《中共中央关于目前形势与党的任务决定》同样也是由毛泽东和张闻天分别起草制定的。1937 年 8 月 9 日的中央政治局会议为 8 月下旬召开的洛川会议作了准备。在 8 月 9 日的政治局会议上张闻天首先提出了抗战的"八大纲领"，毛泽东提议又增加了两条，变为"十大纲领"。

洛川会议上通过的三部党内法规文件的起草工作在 8 月 15 日完成。最终在 8 月 25 日洛川会议最后一天通过了三部党内法规文件，首次发表在《解放》周刊第一卷第十五期，于 1937 年 9 月 6 日出版；《关于大量发展党员的决议》则是由陈云根据毛泽东提出的建议主持起草的，并且没有明确决议的审议通过机关，就在 3 月 15 日向全党发布；《中共中央关于组织青年工作委员会的决定》则是 1938 年 4 月 30 日中央政治局常委会上决定由陈云和冯文斌二人负责起草，然后 5 月 5 日就由中共中央发出；《中共中央政治局关于巩固党的决定》则是由王稼祥主持，张闻天和陈云参与了起草工作，会议通过之后便向全党发出，首次载于 1939 年 10 月 20 日出版的《共产党人》创刊号；《关于吸收知识分子的决定》则是由毛泽东亲自起草，以中共中央名义向全党发出；《关于增强党性的决定》则是由王稼祥起草，王若飞参与，由中共中央政治局审议通过并发出；《中共中央关于延安在职干部学习的决定》没有具体说明是谁起草了这两项党内法规制度的制定，只是经过毛泽东修改后，再经过中央政治局审议通过，这两个党内法规与其他党内法规不同的是规定法规的适用范围。两个党内法规文件的最后都规定"本决定适用于

---

① 程中原：《张闻天传》，当代中国出版社，2006 年，第 325 页。

延安。但本决定的一切基本原则,同样亦适用于其他地方”[1]。

明确党内法规制度的适用范围，是党内法规制度建设上的重大进步；《关于统一抗日根据地党的领导及调整各组织间关系的决定》则是由王稼祥主持起草,并且在1942年8月8日中共中央召开政治局会议讨论《关于根据地党政军民关系的决定》草案时,王稼祥对条文作了逐条解释,任弼时作补充说明。8月29日会议通过并作出了改名的修改后,定于9月1日发出。此项党内法规制度，与其他党内法规制度明显不同的是通过日期与发出生效日期不同步，中共中央开始注意到了关于党内法规文件的通过和生效时间问题;《关于中央机构调整及精简的决定》则是任弼时起草,并代表中央书记处作中央机构调整与精简方案的报告，经过中央政治局会议再次讨论后审议通过。

总之,党的中央全会和党的代表大会制定通过的党内法规相对严谨,在程序上会提前酝酿,成立起草委员会,经过次讨论后,再经过中央全会和党的代表大会审议通过。但是中央政治局会议制定通过的党内法规制度更多是由个人或几个人制定,也缺乏必要的讨论和解释的过程,党内法规制度制定完成后何时生效,解释权归谁,也没有给予确切的规定。中央各部委制定的党内法规制度也多是如此。抗战时期党内法规制度建设虽然具有较强的思想性、政治性和纪律性的同时,缺乏规范的制定程序和步骤。但是从具体的历史的出发,在战争环境下党内法规制度建设时效性要求较高,简化制定程序是当时的历史环境所决定的。

① 《建党以来重要文献选编》(第十八册),中央文献出版社,2011年,第719页。

二、在内容上初步形成党内法规制度体系，但体系化不足

抗战时期党内法规制度建设初步形成了相对完善的党内法规制度体系，与其说是党内法规制度系，不如说是党内法规制度集群，涵盖范围比较广泛，但是在党内法规制度建设体系化不足，在形式上也存在缺陷，党内法规制度之间缺乏严格的效力关系。

初步形成党内法规制度体系。前面已经梳理了党内法规制度建设的内容，围绕瓦窑堡会议提出的抗日民族统一战线政策，以党的六届六中全会和中国共产党第七次全国代表大会通过的《中国共产党党章》为核心，形成了涵盖党的组织法规，党的宣传教育法规，党员干部法规，党的纪律法规等的党内法规体系，在具体内容上也包括了党的组织路线，党的民主集中制原则，党内政治生活原则，党的组织体系建设，党的三大作风，正确开展党内斗争原则，着重从思想上建党基本原理，党的思想建设的内容与任务，党的思想建设新形势"整风"，党的宣传鼓动工作，党内教育工作，党员队伍建设，干部队伍建设方针，党性修养，党的纪律的内容、体制和纪律处分方式等。这些内容作为毛泽东思想中党的建设理论重要组成部分，对于推动新民主主义革命时期党的建设的新的伟大工程起到了重要支撑作用。

体系化不足。从宏观上看，抗战时期党内法规制度建设，缺乏系统性和完备性。很多党内法规制度只是制定出来，具体的怎么实施，如何保障党内法规制度的实施，缺乏相应的系统性安排。完整的党内法规制度体系应当包括完善的党内法规内容体系，高效的党内法规制度实施体系，以及有力的党内法规制度建设保障体系。以这个标准来看抗战时期党内法规制度建设，则仅处于中国共产党加强党内法规制度建设的初始阶段，仅仅是有了党内法规制度建设的意识，能够依据当时党面临的重要任务制定出相应的党内法

规制度的内容。同时体系化不足还表现在,缺乏党内法规制度建设的规划意识。党内法规制度建设规划是促进党内法规制度建设科学性的重要促进因素。完整的党内法规制度建设规划,对于统筹党内法规制度建设的资源配置至关重要。在一定时期内依据党的任务的变化,合理利用党的资源,形成统一的安排部署,避免头重脚轻,对党内法规制度建设的整体布局作出科学的方向性安排,是加强党内法规制度建设科学性的重要步骤。但是以现有眼光审视抗战时期党内法规制度建设现状似乎过于苛刻。应当对早期党内法规制度建设的缺陷给予理解, 同时正视抗战时期那种革命环境下党内法规制度建设体系化上的不健全、不完善问题。

从微观上看,形式上存在缺陷。党内法规在形式上一般由名称、制定主体、日期和文本结构组成。首先,在名称上。除党的七大制定的《中国共产党党章》以外,其他党内法规制度的名称比较繁多,包括“决议案”“决议”“决定”“指示”“条例”“制度”“通知”“提纲”“办法”“规定”等。党的中央委员会或中央政治局会议通过的党内法规制度一般名称为 “决议”“决定” 和 “决议案”;中央书记处、中央各部委制定通过的党内法规制度一般为“通知”“指示”等。党内法规制度在“名称”上除个别是为执行某项“决议”“决定”通过的“指示”以外,其他党内法规制度在名称上没有必然的联系。

其次,在制定主体上,主要分为三类:中国共产党的全国代表大会和中国共产党的中央委员会通过的党内法规制度, 中国共产党政治局会议通过的党内法规制度,中国共产党中央各部委制定通过的党内法规。前两类一般会以中共中央的名义发布党内法规制度文件, 而第三类有时以中央各部委名义发布, 有时又以中共中央名义发布, 在制定主体上没有明确的界定范围。除党章的根本大法地位之外,其他三类党内法规制度之间并没有严格的上下等级,以及效力关系。例如一般中共中央全会审议通过的党内法规制度一般为“决定”,1940 年 10 月时中央宣传部制定的《关于充实和健全各级宣传部门的组织及工作的决定》,也称为“决定”,之后中央宣传部又陆续发布了《关于各抗日根据地内党支部教育的指示》《关于提高延安在职干部教育质量的决定》和《关于大后方党的干部教育的指示》,在制定主体上和名称上都无法确定各党内法规制度之间的上下等级,以及效力关系。与其说是初步形成了党内法规制度体系,不如说是形成了党内法规制度集群。

除此以外,党内法规制度的制定主体,一般应当包括制定主体、颁布主体、解释主体和修改主体组成。真正拥有这四个主体的抗战时期党内法规制度中一部也没有。由于年代久远,一般只有制定主体和审议颁布主体,有很多党内法规制定主体也是不明确的,只有审议颁布主体这一个。例如明确制定主体,颁布主体、解释主体和修改主体的,只有中国共产党第七次全国代表大会通过的《中国共产党党章》,制定主体是六届七中全会上成立的以刘少奇为主的党章起草委员会,审议和颁布主体为中国共产党第七次全国代表大会,解释主体和修改主体也归中国共产党第七次全国代表大会。而一般的中央全会通过的“决定”“决议”则只有制定主体和审议颁布主体,一般为个人或者几个人成立的起草小组。至于解释主体,没有明确,只能根据常识,将“起草小组”归为解释主体。至于修改主体,大部分党内法规都没有明确,甚至都没有修改过时的或者不合适的相关党内法规制度的意识,只以制定新的党内法规制度代替即可。另外,还有一些无法确定制定主体的党内法规,像 1940 年 8 月 1 日颁布的《中央关于审查干部问题的指示》,在署名时只写“中央”。而个别党内法规制度,制定审议主体都没有,例如 1941 年 7 月 15 日发布的《中央关于地方及军队中各级党部取消、改正和停止党员处分手续的决定》,无法确定制定和审议主体。

再次,在日期上。党内法规的日期,一般由制定日期、颁布日期和生效日期组成。抗战时期党内法规制度中,三个日期都明确标明的一部党内法规制度也没有,有的甚至三个日期全都没有。抗战时期党内法规制度一般都标注了两个日期。例如，党的六届六中全会通过的三部党内法规，三部党内法规文件中都标注了两个日期，一个是文章开头，标题下方，1938 年 11 月 6 日，另一个是结尾，中华民国二十七年十一月六日通过。显然这两个日期均是党内法规文件在六届六中全会上开会通过的日期。只能解释为生效日期。但是具体发出颁布日期并没有明确，“报告建议，这三部决定经全会基本通过，交政治局修改补充后发出”[①]，可见党内法规文件在会议上通过后，后续还存在修改的可能性，修改后再发出，这个日期应当为确切的颁布日期。但是具体哪一天发出的日期，没有明确记载。抗战时期党内法规制度一般都是在会议通过之后，即为生效了。这就说明当时中国共产党在党内法规制度日期上没有明确的一套明确的日期规范形式。

最后，在文本结构上。正式的党内法规制度文本应当由目录标题、序言、章、条和目组成。抗战时期党内法规制度中，只有中国共产党七次代表大会通过的《中国共产党党章》能完整表现出来这种文本结构形式，由标题、章、条、目组成。中国共产党扩大的六届六中全会通过的三部党内则由标题、章、条组成，也具备了规范党内法规制度的基本形态。其他大部分党内法规制度则以段落形式表述，更多的属于党内法规制度的初始形态，即规范文件。总之，以现代标准党内法规制度的要求来看，抗战时期党内法规制度形式上是存在严重缺陷的，鉴于抗战时期是中国共产党历史中重要发展阶段，仍然处于“思想建党”的过程中，在形式上存在诸多问题仍然是党内法规制度具体的历史的统一。

除此之外，党内法规制度之间缺乏严格的等级效力关系。一方面，抗战时期党内法规制度建设在效力等级上存在一定的规律，但是效力等级并不明显，当党内法规制度之间产生冲突时，党内法规的执行主体如何具体执

① 中共中央文献研究室编:《刘少奇年谱》(上)，中央文献出版社，1996 年，第 128 页。

行，会存在一定程度上的混乱，进而影响到党内法规制度的执行效果。例如，1938 年党的六届六中全会制定的《关于各级党委暂行组织机构的决定》中规定要在区党委执行设立监察委员会，并不对其职责、设立条件，以及与党委会关系作了明确规定。但是 1940 年中共中央又发布了《关于地方党及军队中党务委员会工作的决定》中要求，没有党务委员会和监察委员会的地方，由省委、区党委代行职权。虽然《关于地方党及军队中党务委员会工作的决定》可以视为对党的六届七中全会的补充，但是这就给地方在建立监察组织中存在两种选择，造成了党的六届六中全会通过的党内法规制度文件执行不力的情况，无法将党内法规制度规定落到实处。另一方面，抗战时期党内法规制度更多是针对党的某一项具体任务制定的规定、通知或者指示，在效力等级上，与一般的工作文件基本没有区别。这也在一定程度上造成了党内法规文件与一般工作文件的混淆，或者称为规范性文件更为适合。这也在一定程度上反映了抗战时期党内法规制度建设的现状，与我们党的建设过程中的制度意识和法规意识缺少是分不开的，更习惯于以完成党的某一项革命任务的方式去制定党内法规制度。

三、在执行上途径较多，但缺乏一定稳定性和持续性

抗战时期党内法规制度建设虽然缺乏一定的规范化，但是绝大多数在具体执行时途径方式较多，进行专业的理论阐释，开展广泛的学习教育，加强组织实施力度等，执行力较高。但是在执行上缺乏一定的稳定性和持续性，多是短期的。

执行途径多样化。党内法规制度的生命在于执行。正常的党内法规制度执行，应该包括在党内法规制度出台后进行理论阐释，组织学习，解释党内法规，确保广大党员干部理解到位，促进党内法规的贯彻落实。抗战时期党

内法规制度在执行过程中,一般会通过理论阐释、强化学习和加强组织实施方式确保党内法规制度的贯彻落实。

首先,进行理论阐释。抗战时期党内法规制度建设中由于没有明确的解释主体,但是为了消除广大党员干部对于党内法规制度的误解,一般会通过某个领导人,特别是起草者,作演讲报告或者撰写相关的理论文章进行党内法规制度的解释工作,特别是针对党在抗战时期的某一项重要任务具有重要阐释作用。抗战时期党内法规制度在出台后,党的领导人的发言和理论文章弥补了中国共产党在加强党内法规制度建设过程中程序缺失问题,发挥了对党内法规制度的解释作用,对于提高党内法规制度的执行力起到了关键性作用。

其次,强化学习教育。规范的党内法规制度实施,应当在党内法规制度制定工作完成后,积极地开展党内法规制度的学习教育工作,一方面有助于提高党内法规制度认识度,增强党内法规制度意识;另一方面有助于增强对党法规制度的理解,解答党内法规制度的疑虑,提高党内法规制度的执行水平。抗战时期党内法规制度学习教育工作,主要包括成立学习小组、组织学校教育和开展学习运动三种形式,除了提高党员干部对党内法规制度的认识水平以外,还担负起了思想改造任务,促进思想上入党。特别是抗战时期通过学习运动的方式,主要作用已经明显超过了单纯学习党内法规制度、提高党内法规制度执行力的目的。但是开展学习运动,通过对于党内法规制度的集中学习,对于提高抗战时期党内法规制度的执行力和知晓率起到了重要作用。

最后,加强组织实施。组织是中国共产党存在的基础。进入延安之前,中国共产党的组织体系遭受到了毁灭性打击。直到进入延安之后,在抗日民族统一战线的正确政治路线的指引下,中国共产党开始恢复建立党的组织体系,特别是经过党的六届六中全会后,全国各级党的组织体系得到了恢复和发展，建立了相对完整的组织体系。党内法规制度出台后，党内法规制度的实施主体是党的各级组织。党的组织在党内法规实施过程中主要包括两种途径，第一种，通过制定指示、通知等更为详细的执行策略或召开会议，确保党内法规制度贯彻落实。这种方式是党内法规制度实施的经常路径。第二种，通过建立党内法规制度实施需要的专门组织，贯彻落实党内法规制度。党内法规制度出台后，成立具体的有针对性的组织机构，负责党内法规制度的执行工作，为贯彻落实党内法规制度奠定组织基础。这一途径是确保党内法规制度贯彻落实的有效途径。通过建立强有力的组织，以组织力量推动党内法规制度的落实是抗战时期党内法规制度建设的重要特点，并且这两种路径之间不是单独存在的，有时会相伴而生。

缺乏稳定性和持续性。抗战时期党内法规制度建设多围绕短时期内党的任务开展，当党的任务完成以后，党内法规制度的效力便消失了，因此缺乏稳定性和持续性。例如，在抗战时期的前期，由于党的政治任务的需要，迫切需要大量党员干部，为此中共中央制定了《关于大量发展党员的决议》，大量吸收新党员，经过一年多的发展，在征收新党员的工作中出现了严重的错误和缺点，中共中央又出台了《关于巩固党的决定》，发展党员工作告一段落，党的主要任务开始转移到了巩固党的任务上，着重审查党员成分，清刷混入党内的异己分子。后续，随着整风运动的开始，党内法规制度建设的主要任务又开始围绕整风运动出台一系列党内法规制度文件。这也就导致抗战时期党内法规制度建设以党的主要任务为重点，缺乏在制定制度、开展党内法规制度建设的持续性和稳定性。

四、在效果上注重实效性、灵活性和应急性，但监督缺位

抗战时期党内法规制度建设虽然具有一定的应急性，但是由于党依据

任务及时地调整党的路线方针政策，适应新形势的变化。这也就促使抗战时期党内法规制度建设在制定实施和修改上具有高度的灵活性、应急性和注重实效。但是由于缺乏有效的监督，特别是缺乏党内法规制度的清理和评估，抗战时期党内法规制度建设仍然处于党内法规制度建设史上的初始阶段。

高度的实效性、灵活性和应急性。抗战时期党内法规制度的执行情况是抗战时期党内法规制度建设的又一鲜明特点，具有高度的灵活性和实效性。规范的党内法规制度建设应当包含对党内法规制度的执行情况的评估，用来检验党内法规制度是否符合现实需要，制定是否科学等。虽然抗战时期党内法规制度建设在制定过程中缺乏规范性，没有一套完整的程序，但是其适应性较强，也造就了其高效率的特点。

监督缺位。虽然抗战时期党内法规制度执行效率较高，具有较强的实效性、灵活性和应激性，但是由于缺少清理工作，没有把落后于实践和形势的或者存在冲突的党内法规制度及时修改、废止和适时的调整，导致党内法规制度监督缺位，除了个别党内法规制度具有长期性和有效性以外，大部分党内法规制度都失去了生命力，甚至有一些党内法规制度在执行过程中出现了一些偏差。例如，1940 年 8 月，为了巩固党的监督，中共中央发布了《关于审查干部问题的指示》。但是在整风运动期间，以康生为主导的审查干部工作，在执行过程中出现了偏差，搞“逼供信”，造成了大量的冤假错案。这一方面是由于当时的环境造成的，另一方面也是因为党的法规制度在执行过程中缺少相应的监督，在外界的影响下，最终造成了党的干部的损失。直到 1943 年 8 月，中共中央发布《关于审查干部的决定》重申毛泽东提出的审查干部必须坚持的“九条方针”，审查干部工作中的错误才得以纠正。

第五章
抗战时期党内法规建设的当代价值

党的十八大以来，以习近平同志为核心的党中央提出了坚持实施全面从严治党、依规治党的重大战略部署，不断推进党内法规建设，党内法规建设已然成为党的制度建设的重要内容。抗战时期，中国共产党经过坚持不懈的探索，在党内法规建设方面积累了大量丰富的成功经验。研究这一时期党内法规建设的理论与实践，总结其历史经验，对于贯彻落实全面从严治党、依规治党重大决策部署，推进党的建设制度化、规范化、程序化，具有重要意义。

第一节　抗战时期中国共产党党内法规建设的历史经验

抗战时期，是中国共产党党内法规建设的重要历史时期，中国共产党提出了“党内法规”的概念，初步形成了以党章为主线，对党的组织、党的宣传教育和党的纪律初步规范的党内法规体系。在党内法规建设的实践中，从制定到实施，再到评估与清理，积累了丰富的经验。党的建设也克服了“左”和右的错误，从狭小的范围内转变到在全国范围内并局部执掌政权的群众性政党,形成了稳定的领导集体,创建了毛泽东建党思想,极大地保证了抗日战争的顺利进行和最后胜利。

一、坚持正确的政治路线是党内法规建设的基本前提

党内法规建设需要正确的政治路线的指引。正确的政治路线也需要以党内法规的形式确立下来,保证党正确的政治路线贯彻执行。党内法规建设与党的政治路线之间是辩证统一的。否则就会偏离党内法规建设的初衷,阻碍党的发展壮大,影响党的事业。

错误的政治路线阻碍正常的党内法规建设。制定一条正确的政治路线是党的建设的根本任务。正确的政治路线决定着党的建设的方向。毛泽东在《〈共产党人〉发刊词》中提出了党的建设的根本任务,即“为了建设一个全国范围的、广大群众性的、思想上政治上组织上完全巩固的布尔什维克化的中国共产党”[①]。党的建设从来不是孤立存在的,是与制定和执行正确的政治路线紧密联系在一起的。大革命时期,陈独秀坚持右倾错误,过分强调资产阶级在中国民主革命中的作用,主张中国的民主革命只能由资产阶级领导,放弃革命武装,甚至主张中国共产党并入国民党,取消党的独立性,最终导致了大革命的失败。土地革命后期,王明打着反右倾的口号,在党内推行“左”倾错误,混淆民主革命和社会主义革命的界限,最终导致了第五次反围剿失败,红军被迫长征,党的事业遇到严重挫折。之后又在党内提出,“一切经过统一战线”的右倾错误,造成了党的思想上的混乱。在错误的政治路线的指导下,党内法规建设也存在诸多缺陷。党的六大党章带有明显的教条主义倾向,许多条款不适用中国共产党的具体实践。土地革命后期的党的组织法规

---

① 《毛泽东选集》(第二卷),人民出版社,1991年,第602页。

中,过分强调工人阶级成分,忽视在小资产阶级队伍中发展党员。并且主张在大城市发展党的组织,迎接革命高潮的到来。同时大搞宗派主义,用对待敌人的方式对待党员。这一教训,充分说明正确的政治路线是党内法规建设发展的基本前提和根本保障。

正确的政治路线指引着党内法规建设健康发展。抗战时期党的政治路线的主要部分是抗日民族统一战线和武装斗争的问题。在遵义会议上,解决了最迫切的组织和军事问题，但是党的政治路线问题仍然没有得到解决。1935年日本制造了一系列的侵犯华北的严重事件。面对民族存亡的紧要关头,中国共产党于1935年12月在陕西瓦窑堡召开了政治局会议,制定了抗日民族统一战线策略路线,实现了党的政治路线的转变。西安事变和平解决以后,1937年8月中国共产党在陕北召开的洛川会议上制定了开展敌后独立自主的游击战争的全面抗战路线,建立抗日革命根据地,解决了抗战时期如何进行武装斗争的问题。在正确的政治路线指引下,抗战时期党内法规建设不仅提出了党内法规概念,制定了七大党章,而且初步形成以党章为核心的党内法规体系。抗战时期的党内法规建设都是在党的抗日民族统一战线和建立抗日根据地,独立自主地开展游击战争的政治路线的指引下展开的。党的六届六中全会通过的决议,是抗日战争进入相持阶段,为了克服王明的右倾错误,巩固和扩大抗日民族统一战线,统一全党于正确的政治路线而制定的。在党的正确的政治路线指引下,为了健全党的组织体制,扩大和巩固党员队伍,维护党的组织纪律,进而制定了党的组织法规、党员干部法规和纪律法规。宣传教育法规的制定也紧紧围绕宣传党的理论、路线方针和政策,建立和维护抗日民族统一战线,进而促进全民族的抗战。

总之,党内法规建设与正确的政治路线是密切相关的。二者不是孤立存在的。正是由于我们党确立了正确的政治路线,不仅党内法规建设,还有其他党的各项事业,不断从胜利走向新的胜利。

二、面向实践是党内法规建设的动力源泉

实践是认识的来源,也是认识发展的动力。党内法规作为一种认识,是党的建设实践经验的总结。党的政治路线确定后,党总的任务是不变的,但是在具体的某一阶段,由于党的建设的环境不断变化,党的具体任务是不一样的。因此,党内法规建设必须面向实践。

抗战时期党内法规建设是以实践为基础的,既总结实践经验,又规范实践。不同时期面临的形势不同,党的任务也就不同。即使在同一时期不同的阶段,党的具体任务也是不同的。党内法规建设必须依据形势的变化,时刻面向实践。抗战时期,敌我力量悬殊,抗战前期的经验也证明,抗日战争是艰苦的持久战。为此,毛泽东专门写了《论持久战》,将这种持久战分为三个阶段、战略防御阶段、战略相持阶段、战略反攻阶段。每一阶段由于环境的变化,党的具体任务是不同的。从初期的开辟敌后战场,建立抗日革命根据地,大量发展党员,到抗战相持阶段巩固党的组织,应对国民党的消极抗战,开展整风运动,再到战略反攻阶段,党都要依据具体的革命任务,制定党的建设的方针政策。党内法规的建设也是以实践为基础,随着党的建设的具体任务而变化。从洛川会议决定,到《关于大量发展党员的决议》,到党的六届六中全会制定的党内法规,再到《关于巩固党的决定》,以及关于党的领导一元化和精简机构的决定,都是在面向党的建设的实践中产生的,是实践经验的总结。由于意识具有能动的反作用。党内法规形成后,也在指导着实践,规范党的建设。随着党的组织不断发展壮大,党的发展也扩展到全国范围内。党内法规建设必须从实际出发,面向具体问题。否则,严峻的形势和任务下,党内法规建设就会偏离实践,就会产生教条主义和经验主义,阻碍党的发展。

抗战时期党内法规建设,正是坚持既来源于实践又指导实践,党内法规建设才获得大发展,进入大高潮时期。

三、在实践中完善党内法规体系是提高党内法规质量的有效途径

党内法规建设要有明确完善的框架结构,形成体系,才能各司其职,各安其位,发挥它的功能与效力,党内法规的质量才会提高。抗战时期党内法规建设初步形成了以党章为核心,涵盖组织、党员干部、宣传教育和纪律的党内法规体系。同时在内容上也构建了党的建设的基本内容。虽然在体系上和规范性上存在某些缺陷,但适应了抗战形势与任务的需要。

在内容上覆盖了党的建设的基本内容。抗战时期党内法规体系在横向调整领域上分为:党章等综合性法规、组织方面的党内法规、党员和干部方面的党内法规、宣传教育方面的党内法规和纪律方面的党内法规。起临时党章作用的六届六中全会决议和七大党章，以及关于党的若干历史问题的决议,对全党范围内的重大问题进行了规范。组织方面的党内法规,调整和规范了党的组织体制,党的民主集中制原则,正确开展党内斗争的原则等党的组织建设方面的问题。党员干部方面的党内法规,调整和规范了党员队伍建设的基本方针政策,以及如何巩固党,增强党性等。宣传思想方面的党内法规,调整和规范了党的思想建设,党的宣传工作和党员干部教育等问题。纪律方面的党内法规,调整和规范了党的纪律建设的内容。总之,抗战时期的党内法规建设有力地保障了党的建设,推进了党的建设的伟大工程。

但是在效力位阶上没有形成一套科学的体系，党内法规之间效力不清晰,针对性较强,稳定性不高,导致党内法规质量不高。由于抗战时期党本身处在发展壮大时期，组织的设置在严峻的战争环境下经过了多次调整与精简,本身都不稳定。虽然党的领导集体有了“党内法规”“党规党法”的概念,

但多停留在纪律层面,并没有达到法学效力位阶的严密程度。党内法规的制定多是以具体的任务需要制定的,更多的是建立党的组织,规定组织的运行。除了党章作为党的根本大法的地位不变以外,党的建设其他方面都处在发展阶段,包括党的民主集中制的基本原则。因此,效力位阶上和稳定性上存在缺陷是可以理解的。除了在效力位阶上存在缺陷以外,由于抗战时期刚刚在全国取得合法性,开始局部执政,虽然与政府和群众存在着矛盾,在规范党与政府和人民群众的关系上,党内法规建设也涉及的较少,只是涉及到党的领导一元化和与人民群众密切联系在一起。总之,虽然抗战时期党内法规体系存在诸多缺陷,但在党的建设过程中仍然发挥了重要作用。

四、加强宣传教育是提高党内法规执行力的重要保障

党内法规的宣传教育是党内法规建设的重要内容,是提高党内法规执行力的关键因素。党内法规发布后,加强宣传教育有助于党员干部熟悉和掌握党内法规的内容,扩大党内法规的覆盖面,提高知晓率。同时有助于培养党员干部的党规党法意识,增强遵守党章党规的自觉性,进而提高党内法规的执行力。抗战时期党内法规建设的过程中,创建了多种形式的宣传教育,积累了丰富的经验。

通过党报党刊拓宽党内法规的覆盖面。抗战时期中国共产党创办了多种党报党刊,专门成立中央党报委员会统一领导党报党刊,其中中共中央主办的有《共产党人》《新中华报》《解放日报》等。另外,中共中央分局也纷纷建立了自己的地方性报纸。这些党报党刊除了负责宣传党内的政策以外,还负责宣传党内的一些重要指示、决议和决定等党内法规,极大地提高了党内法规在全党内的影响力。通过支部教育或党员教育、在职干部教育和学校教育等党内教育提高党员干部对党内法规的熟知率。中共中央专门成立干部教

育部、高级学习小组、学习委员会和调查研究局等临时的党内教育管理机构,积极开展普通党员干部的支部教育、读书活动,办理在职干部培训班等,学习党的指示、决议等党内法规,既丰富党员干部的理论知识,又培养了党员干部的遵纪守法意识,促进了党的路线方针政策的执行。通过创建整风运动的形式,增强遵守党内法规的自觉性。抗战时期,中国共产党开展的整风运动是一次党内的马克思主义思想教育运动，将马克思主义真理与中国实际相结合，除了学习了党的路线方针政策外，还提高了党员干部的思想水平,统一了党员干部的思想认识。此外,抗战时期,中共中央的领导人积极开展关于党的决议、决定的集会、演讲报告,在宣传党内法规的同时,进行理论阐释,回答党员干部对于党内法规的疑问,解决了党内法规执行过程中存在的思想障碍,有力地提高了党内法规的执行力。

第二节　抗战时期中国共产党党内法规建设的当代启示

抗战时期的党内法规建设开创了中国共产党党内法规建设的新局面,取得了显著的成果,积累了丰富的经验。因其处于局部执政条件下,具有明显的试验性质,这些丰富的经验对于当前全面从严治党战略布局新形势下,推进制度治党、依规治党具有重要借鉴意义。

一、从实际出发,及时地对党内法规立、释、改、废

党的十八大以来,世情、国情和党情都发生了深刻变化,这就要求我们根据新的形势,从实际出发,及时地对党内法规立、释、改、废。从国际环境看,国际竞争向更深层次发展,日益转向科学技术实力的竞争,必须深化改

革,迎接挑战。从国内环境看,中国特色社会主义进入新时代,面临着建设中国特色社会主义法治体系,建设社会主义法治国家,全面推进依法治国,促进国家治理体系和治理能力现代化的战略任务。从党内环境看,影响党的先进性、纯洁性的因素依然存在,党内思想上、组织上和作风上存在的突出问题尚未得到根本解决,“四个危险”问题依然尖锐,“四大考验”仍然具有长期性和复杂性。以习近平同志为核心的党中央,坚持全面从严治党战略布局,高度重视党的建设制度改革,坚持依法治国和依规治党相结合。因此,要从新时代新形势新任务新要求的实际出发,加快推进党内法规建设。

第一,坚持“从上到下”和“从下到上”相结合,完善党内法规建设路径,做好“立”的工作。形势和任务的变化势必要求党内法规建设作出适应性调整。党内法规建设一方面要从形势和任务出发,坚持顶层设计和科学的规划和部署,以科学的理论为指导,以国家治理体系和治理能力现代化为导向,从上到下,将党的建设的具体任务细化为规范党组织和党员行为的具体的规章制度;另一方面要从党的建设的实践出发,注重调查研究,总结经验教训,及时地将党的建设的经验上升到党内法规的高度。除此之外,坚持试行在先,推广在后,积极扩充党内法规建设路径。

第二,坚持宣传与解释相结合,既达到宣传的目的,又有解释疑惑的功效。党的十八大后中共中央发布了《中国共产党党内法规制定条例》,对党内法规的解释工作做了专门规定,但是党内法规解释工作仍然存在规范化程度不高、不健全等突出问题,特别是解释形式仍然过于单一。应当认真总结和借鉴党内法规解释工作的相关做法和经验,充分利用新闻发布会、网站、党校及行政学院等平台,在宣传党内法规的同时,做好解释工作,达到扩大覆盖面和解释疑惑的双重目的。

第三,坚持继承与创新相结合,适时的修改和废止党内法规。受主客观条件的限制,党内法规在制定时不可能超过历史实践的限度。随着社会实践的变化，许多不适应的地方开始呈现。这就要求坚持继承的原则，继承我们党在长期实践过程中形成的制度规定和优良传统，而不是另起炉灶，适当地对党内法规修改和补充，保持党内法规的活力。同时坚持不断创新，把握规律性，体现时代性。在要做好废止工作的同时，坚持新的理念和新的方法，不断与时俱进，开拓创新。

二、以党章为根本，以民主集中制为核心，完善党内法规制度体系

建立完善的党内法规制度体系是实现政党现代化的必然要求，是全面依法治国的题中之意，是全面深化改革的客观需要。党的执政能力和执政体系现代化必然要有完善的党内法规制度体系，而党的执政能力和执政体系现代化又是实现政党现代化的重要内容。全面依法治国在党内表现为依规治党，党内法规制度体系是中国特色社会主义法治体系的主要构件。建立完善的党内法规制度体系是全面深化改革的阶段性目标任务，也是全面深化改革的根本制度保障。为加强党内法规制度建设，中共中央于2017年12月公布了《关于加强党内法规制度建设的意见》提出了党内法规制度体系的含义，党内法规制度体系的基本框架，以及建党100周年时党内法规制度建设的目标。

这就要求：一方面，统筹推进各位阶、各领域的党内法规制度建设。当前从体系架构上，截至2018年底，全党已经形成了1部党章，3部准则，39部条例，4000多部规则、规定、细则、办法。从规范位阶上，当前有260多部中央党内法规，250多部部委法规，4000多部地方党内法规。从调整领域上看，“20%规范党的组织活动，20%规范党的领导活动，30%规范党的自身建设活

动,30%规范党的机关运行保障活动”①。但是当前党内法规制度在内容体系上仍然存在许多空白。因此,必须坚持党章的根本大法地位,树立党章权威,推动党章与时俱进。必须围绕民主集中制,加强党的领导、党的选举、党员权利和党的会议等方面的党内法规制度建设。必须积极建设准则、条例法规,构建党内法规制度体系的“四梁八柱”。必须完善规则、规定、办法、细则配套性法规,做好细化工作。另一方面,注重党内法规制度的衔接和协调,提高党内法规制度的系统性。党内法规制定后,与相应的党的制度还存在不衔接、不协调的问题,尤其缺少相应的制度保障。有些党内法规只规定了一些指导性文件,缺少实质性操作内容,难以落实和细化。甚至有些党内法规之间还存在冲突和矛盾,严重影响党内法规制度功能的发挥。因此,党内法规体系建设时,要坚持宏观思考、整体规划,注重各党内法规制度之间的衔接,避免碎片化和随意化,坚持实体性法规与程序性法规相结合,上位法与下位法相协调,形成党内法规制度体系的整体效应。

三、加强党性修养和监督检查,提高党内法规执行力

提高党内法规执行力,除了需要简明、合理的党内法规制度体系外,需要在党内形成价值认同,达成文化共识,产生制度执行力。所谓执行力,就是知行合一的能力,是对党内法规的敬畏意识和契约精神而产生的自觉性。加强党性修养是增强这种自觉性的重要途径。党性原则是共产党人的根本政治品格。首先,要加强理论修养,坚定共产党人的理想信念和精神追求。对于马克思主义的信仰,对于共产主义的精神追求,是共产党人能经受住任何考验的精神支柱。习近平曾形象地将没有理想信念或者理想信念不坚定比喻

① 宋功德:《坚持依规治党》,《中国法学》,2018 年第 2 期。

为“缺钙”或“软骨病”。只有加强理论修养，才能形成党内法规执行的共同价值追求。其次，加强政治修养，把政治建设摆在首位，做到“政治过硬”。要坚持党的基本理论、基本路线和基本纲领，坚守正确的政治方向。要坚持“四个意识”，切实做到心中有党。只有加强政治修养，才能确保党内法规执行的共同目标方向。最后，加强纪律修养。要遵守纪律和维护纪律，并不断增强这种自觉性和坚定性。要以党章为根本遵循，突出党的政治纪律和政治规矩。自觉遵守党的“六项纪律”和必须遵守的“负面清单”。只有加强纪律修养，才能将遵守党内法规变为自觉的行动，做到知行合一。

党内法规的执行，一方面靠党员自身的修养和思想觉悟推进，另一方面还要靠外部约束来促进党内法规的落实。这就需要加强监督检查。首先，要明确监督检查的内容。高度重视党内法规的实施情况，将实施情况作为党的党委监督和巡视巡查的重要内容。其次，要明确监督主体，强化监督主体责任的落实。党的职能部门作为重要的监督主体，要明确组织部门的监督权限和党员干部的监督检查职责。对于重要领域和关键环节的党内法规的执行制定专项监督检查，确保党内法规得到贯彻落实。明确各级党委在监督检查过程中的主体地位，维护党内法规的严肃性和权威性。除此以外，充分发挥人大、政协、人民群众和网络媒体等主体的监督作用。最后，要加大责任追究和惩处力度。以追责问责为手段督促党组织和领导干部严格遵守党内法规。对于监督缺位行为，追究党组织和领导干部的领导责任和主体责任。

四、完善体制机制，推进新时代党内法规建设科学化

党的十八大以来，以习近平同志为核心的党中央，依据新时代环境和实践的变化，继续总结经验，开拓创新，探索出了习近平新时代中国特色社会主义思想这一伟大理论。新时代党内法规制度建设必须坚持以习近平新时

代中国特色社会主义思想为指导，结合新时代的新理念、新方法，不断推进党内法规制度建设科学化。推进党内法规制度建设科学化必须深化对制度的理解，除了建立相关的规章制度以外，还需要建立相应的制定体制机制、执行责任制、保障机制和监督机制。

完善党内法规制度制定体制机制。目前已经建立了相对完善的党内法规制度制定组织体制机制。2019 年 9 月 3 日发布的《中国共产党党内法规制定条例》指出，党内法规的制定主体为党的中央组织，中央纪律检查委员会及党中央工作机关和省、自治区、直辖市党委。与修订前相比，将“中央各部门”调整为“党中央工作机关”。党的中央工作机关包括办公厅(室)、职能部门、办事机构和派出机关。这一调整使党内法规的制定主体更加明确，更符合党内法规建设的实践。党内法规制定工作由党中央集中统一领导，中央书记处负责日常工作，中央办公厅承担党内法规制定的统筹协调和督促指导工作。除此以外，确有必要，经党中央批准，中央国家机关部门党委也可以制定特定事项的党内法规。赋予中央部门党委制定党内法规的权限，主要是为了发挥部门党委在本系统的领导作用，履行全面从严治党责任，有利于履行部门党委的系统领导职责。

在制定权限上，只有党的中央组织有权制定涉及党的重大问题的中央党内法规。由“党的各级组织的产生、组成和职权”，调整为“党的各级各类组织的产生、组成和职权职责的基本制度”，扩大了党的组织的范围，同时强调涉及党内法规主要为已经成熟的制度。将“党的各方面工作的基本制度”调整为“党的领导和党的建设各方面的基本制度”，使党内法规的调整内容紧紧围绕党的领导和党的建设。增加了“党的纪律处分和组织处理方面的基本制度”，进一步完善了党内法规制度的监督保障内容。凡是涉及党中央集中统一领导的职能由中央党内法规作出规定，但是根据中央授权，中央纪委、中央工作机关和省、自治区、直辖市党委也可制定中央党内法规。一般情况下，中央纪委和中央工作机关的权限主要为中央党内法规作出配套规定和履行党章和中央党内法规规定的党的工作的相关职责。省、自治区和直辖市党委也是如此，保证党的中央党内法规能够贯彻落地。为了完善党内法规制定职责权限，除了职责制定、授权制定，还有联合自定和配套制定。其中联合制定权限，主要为涉及两个以上部委职权范围的事项，可以联合制定也可以请中央制定中央党内法规。党内法规如果涉及政府职权范围事项的，也可以采取党政机关联合制定。

除此以外，还有配套制定权限，凡是上位党内法规要求制定配套党内法规的，应及时制定，否则一般不制定。这些规定是党内法规制度制定体制上的要求，而对于党内法规的制定程序则包括，规划与计划、起草、审批与发布。新的修改主要涉及对起草、审批、发布、试行的相关规定的完善。在起草环节，除了特别重要的中央党内法规由中央组织起草以外，其他一般的或者综合性的中央党内法规则由有关部门或成立专门起草小组负责起草。增加了“调查研究可以吸收党委及其工作机关法律顾问和有关专家学者参加”的规定，进一步增加了党内法规的专业性，发挥了相关人员的优势和作用。同时增加了“听取基层党员、干部的意见”的规定，进一步贯彻了党的民主集中制，充分发扬党内民主，避免关门主义和形式主义的错误。在审批环节，充实前置审核环节。主要审核党内法规的政治性，同上位党内法规和规范性文件相抵触，同其他同为党内法规和规范性文件就同一事项的规定相冲突，存在谋求部门利益和地方保护问题，以及制定权限、程序和规范表述问题的审核。在审批环节，增加了传批方式。在发布环节，要求在发布时应当添加题注，载明制定机关、通过日期、发布日期，除了涉及党和国家机密不得公开以外，应当在党报党刊、重点新闻网站、门户网站等党的媒体上公开发布。在试行环节，增加了试行期限一般不超过五年的规定。这些规定，完善了党内法规的制定体制机制，促进党内法规制定工作规范化具有重要作用。

完善党内法规制度执行责任制。习近平多次强调,要"处理好建章立制和落地见效的关系,制度制定很重要,制度执行更重要","目前的主要问题有规不依、落实不力"。而在现实党内法规制度建设过程中,特别是党的十八大以来,一大批党内法规制度出台,党内法规体系不断完善,但是与之相对应的党内法规执行还存在明显的短板,制度执行过程中出现了各种各样的问题,不仅大大降低了党内法规制度的权威性和严肃性,还损害了党中央的权威和形象,党内法规制度建设进入了既要重视完善党内法规体系又要注重执行新的阶段。实践证明,党内法规执行力不高的原因有很多,其中最重要的原因在于执行责任不明确、不严格、不落实。建立党内法规制度执行责任制是督促各级党组织和党员严格执行党内法规、遵守党内法规,提高党内法规执行力的关键措施,为提升党内法规制度效能提供坚强的制度保障。

2019 年 3 月中共中央发布了《中国共产党党内法规执行责任制规定(试行)》,是党内法规建设史上第一个专门针对执行问题制定的党内法规,明确建立党委统一领导、党委办公厅(室)统筹协调、主管部门牵头负责、相关单位协助配合、党的纪检机关严格监督的党内法规执行责任制。《规定》明确了党内法规执行责任制的责任主体、责任内容、责任履行和责任监督四个内容,解决了党内法规谁来执规、执规责任分配、怎么执规、不执规怎么办的四个问题。

关于责任主体,《规定》指出了守规主体和责任主体两个概念,各级党组织和党员都具有遵守党内法规、维护党内法规的义务,而各级党组织和党员领导干部要切实担负起执行党内法规的政治责任。其中各级党组织包括,地方党委、党委办公厅(室)、党委职能部门等、党组(党委)、基层党组织、纪律检查机关等。领导干部包括党委(党组)书记、分管党内法规工作的班子成员和其他班子成员。通过界定责任主体,解决谁来执规问题。

关于责任内容,《规定》指出地方党委对本地区党内法规执行工作负主体责任，带头严格执行党内法规，领导、组织、推进本地区党内法规执行工作，支持和监督本地区党组织和党员履行执规责任；党委办公厅（室）负责统筹协调本地区党内法规执行工作，推动党委关于党内法规执行部署安排的贯彻落实；党委职能部门等责任，对主要规定其职权职责的党内法规，牵头执行责任，并组织、协调、督促、指导有关党组织和党员领导干部执行有关党内法规；党组（党委）责任，对本单位（本系统）执行有关党内法规负有主体责任，领导、组织、推进本单位（本系统）党内法规执行工作；基层党组织责任，其中街道、乡镇党的基层委员会和村、社区党组织，国有企业党委，实行党委领导下的行政领导人负责制的事业单位党组织，对本地区本单位执行有关党内法规负有主体责任，领导、组织、推进本地区本单位党内法规执行工作，而党和国家机关、社会组织、非公有经济组织等其他单位中的党的基层组织，按照规定推动有关党内法规在本单位的执行；党员领导干部责任，以上率下、以身作则，带头学习宣传党内法规，带头严格执行党内法规。党委（党组）书记应当认真履行本地区本单位党内法规执行第一责任人职责，分管党内法规工作的领导班子成员承担党内法规执行直接责任，其他班子成员按照“一岗双责”的要求抓好分管领域党内法规执行工作；纪检机关带头严格执行党内法规，对其他党组织和党员领导干部履行执规责任进行监督检查。通过严格党组织和党员的责任，解决执规责任分配问题。关于责任履行，《规定》提出了执规责任制履行机关和方式方法，按照部署推动执规工作、组织学习培训、开展宣传教育三个步骤推动责任履行，解决怎么执规问题。关于责任监督，《规定》指出通过健全监督机制、履职考核、开展实施评估、严格责任追究四个步骤，强化责任监督，解决不执规怎么办问题。党内法规执行责任制的建立对于党内法规制度建设科学化具有重大推动作用，极大地提高了党内法规制度建设的科学化进程。

完善党内法规制度保障机制。党内法规制度建设过程中保障机制的建立对于提高党内法规制度权威性、统一性和执行力具有重要作用。党内法规制度的保障机制主要包括党内法规和规范性文件的备案审查工作机制和党内法规的解释工作机制等。党的十八大以来，中共中央先后发布了《中国共产党党内法规和规范性文件备案规定》《中国共产党党内法规解释工作规定》等，要求对党内法规制度进行合规章性审查、合宪性审查和解释工作，建立党内法规制度审查机制，进一步保障了党内法规制度的权威，确保了党内法规的合法性，提升了党内法规制度的执行力。2019 年又再次修订《中国共产党党内法规和规范性文件备案规定》，突出了对新制定的党内法规制度的审查，要求对党内法规和规范性文件进行政治性审查，检查党内法规和规范性文件是否认真贯彻落实习近平新时代中国特色社会主义思想，同党的理论、路线、方略是否一致，与党中央的重大决策部署是否一致，与党的政治纪律和政治规矩是否一致。同时突出强调合法合规性审查，要求新制定的党内法规和规范性文件必须符合宪法和法律，不能与党章、上位党内法规和规范性文件相抵触，以及不能与同位的党内法规和规范性文件的同一事项相冲突。党内法规制度的合法合规性审查机制初步建立，同时将党内法规制度的合法合规性审查贯穿于党内法规制度建设全过程。

目前主要分为三种[①]：第一，“一般预防”，即在党内法规和规范性文件制定和备案期间进行审查；第二，“前置自审”，即在党内法规和规范性文件制定草案期间交审议批准机关审查；第三，“事后他审”，即在党内法规和规范性文件制定已经完成，报备期间进行审查。还有强调合理性审查，要求新制定的党内法规和规范性文件必须适应形势发展，不能造成社会上重大负面影响，违反公平公正原则。最后进行规范性审查，要求新制定的党内法规和规范性文件名称得当，体例格式正确，表述规范。同时特别强调，审查工作必

① 祝灵君、吕品：《建立健全保障党章全面实施的体制机制研究》，《当代世界与社会主义》，2023 年第 5 期。

须注重保护地区和部门结合实际改革创新的积极性，不能抹杀党内法规制度建设的生机和活力，以免陷入僵化、故步自封的境地。

这一系列的审查机制，对于保障党内法规制度建设的科学化具有重要作用。党内法规制度的解释工作机制建立，对于保障党内法规制度质量、提高党内法规制度执行力同样具有重要作用。党内法规制度解释工作机制之所以重要，关键在于党内法规的约束力往往以党内法规的解释为基础。同时经过党内法规制度的解释工作，能够化解党内法规制度之间的矛盾和冲突，消除党内法规制度适应过程中的选择问题，填补党内法规制度之间的漏洞，进而维护党内法规制度的稳定性和权威性。《中国共产党党内法规解释工作规定》的出台，对党内法规制度解释的主体、原则、程序和效力等进行了详细规定，初步形成了党内法规制度解释工作机制。

《规定》指出，党内法规解释的主体包括党的中央组织，中央纪律检查委员会、中央各部门，省、自治区、直辖市党委，可以对其制定的党内法规进行解释，其中只有党的中央组织可以授权有关部委进行解释，而其他党的组织不得授权内设机构和下级党组织进行解释，但是具体解释工作可以由其承担。关于党内法规解释的原则，要求必须忠于党内法规原意，适应党的事业发展需要和党的建设实际，不得违背党内法规制定的目的和基本精神。关于党内法规解释程序，要求党内法规可以使用“解释”“批复”“答复”等名称，可以根据工作需要主动作出解释，也可以基于党的机关或党组党委的书面请示，作出解释，但是解释承办单位必须在调查研究的基础上提出草案，征求相关单位意见，按照程序报中央审批。对于“解释”名称的党内法规解释，应当以普发性文件发布，而对于“批复”“答复”名称的党内法规解释，一般以书面形式作出，视情抄送。关于党内法规解释的效力，同党内法规具有同等效力，意味着党内法规解释与正式的党内法规在效力上具有同一性，必须得到党组织和党员干部的严格遵守和执行。党内法规解释工作机制的建立有力地保障了党内法规功能的发挥,是党内法规制度建设的精髓所在,没有党内法规解释工作机制存在,党内法规则可能陷于大量倡导性、号召性的模糊规范中,无法得到有效的执行,影响党内法规制度的生命力。党内法规制度建设在党内法规制度解释机制的保障下,能够获得清晰的内涵和外延,使党内法规制度建设宏大的过程,变得清晰可见,进而推动党内法规制度建设持续发展。

健全党内法规制度建设监督机制。推进党内法规制度建设科学化,关键在于建立连接党组织、党员干部和党内法规的运行监督机制。首先,健全保障党内法规制度运行的民主集中制。民主集中制是中国共产党的根本组织原则和领导制度,是充分把党内民主和正确集中有机结合起来,激发党组织和党员创新力和活力,统一党的思想和行为,克服分散主义的根本制度。在党内法规制度建设中强化民主集中制的作用,主要体现在两个方面,一方面,在党内法规制度建设起草阶段,充分发挥党员干部的积极性,发扬党内民主,广泛收集意见,确保党内法规制度以问题为导向,实事求是地反映党内存在的现实问题。另一方面,在党内法规制度执行过程中,通过民主集中制,将正确的意见集中起来,结合对未来全面从严治党战略的预判,形成党内法规制度,通过民主集中制,将党内法规制度转化为党员干部的自觉行动,坚决贯彻下去。党内法规制度建设就是中国共产党运用民主集中制全面从严治党、依规治党的过程,是民主集中制根本原则的重要体现。

其次,坚持和完善党内巡视巡察制度。党内巡视制度,在中国共产党历史上很早就得以建立,是中国共产党在长期的革命、建设、改革和新时代实践中形成的党的建设的重要经验。党的十六大以来,中国共产党正式开展了巡视工作,巡视制度在探索实践中不断完善和发展。党的十八大以来,中国共产党在推进全面从严治党的历程中,更加重视巡视工作,积累了许多有效经验和做法,制度化水平和实际效果大幅提升。2015 年 8 月,中共中央正式颁布了《中国共产党巡视工作条例》，是对中国共产党开展巡视工作的经验总结，是党内法规监督体系的重要组成部分，是上级党组织对下级党组织监督的重要抓手，对全面从严治党提供了有力支撑。2017 年 7 月中共中央又对《中国共产党巡视工作条例》进行了修订，及时地总结党的十八大以来中国共产党开展巡视工作的重要经验，将新时代以来党内巡视工作的新理念、新经验融入党内法规制度中，不断完善党内巡视制度。进一步优化巡视工作领导体制，将中央巡视工作领导小组对省区市巡视工作由“指导”调整为“领导”，为督促落实巡视工作，加强和改进巡视工作提供了重要法规依据。相比《中国共产党巡视工作条例（试行）》，《中国共产党巡视工作条例》进一步得以优化。进一步优化巡视机构建设，将巡视工作领导小组组长的人选调整为由中央纪律检查委员会书记担任，副组长由同级党委组织部部长担任，使领导机构设置更加统一和规范。进一步优化了巡视工作组织设置，将巡视工作领导小组改为党委工作部门，设在同级党的纪律检查委员会内，促进巡视工作级别统一，设置规范，更好发挥巡视小组的职能作用。进一步优化权力授予原则，实行组长不固定，一次一授权原则，促进党的巡视工作的组织基础更加巩固。除此以外，2017 年 7 月颁布的《中国共产党巡视工作条例》，在市（地、州、盟）和县（市、区、旗）委员会建立巡察制度，设立巡察机构，确保了党的巡视巡察工作对党的组织体系的全覆盖。党的巡视巡察制度在党内法规制度建设中的重要作用，在于对巡视巡察对象执行《中国共产党章程》和其他党内法规情况的监督，是推动党内法规制度执行，对党内法规制度实施效果进行评估的重要平台。巡视巡察的结果，一方面为党内法规制度执行情况提供了最新的数据支撑，另一方面优化党内法规制度建设，发现党内法规制度中存在问题，为进一步修改完善党内法规制度提供了重要依据。

最后，坚持和完善请示报告制度。请示报告制度是中国共产党重要的组织纪律和政治纪律，同时也是一项重要工作纪律，是贯彻落实民主集中制的重要制度。中国共产党在新民主主义革命时期就建立了请示报告制度,2019年2月中共中央发布《中国共产党重大事项请示报告条例》,对请示报告工作进一步全面系统地规范和加强,是坚持全面从严治党战略,加强党的全面领导的重要法规保障。请示报告制度经过百年的探索,将其上升到党内法规高度,是中国共产党不断推进党的制度上升到党内法规高度的重要举措。请示报告制度建立的初衷就是为了强化党中央的集中统一领导,保证党对各个方面各个领域各个层级工作的领导。《中国共产党重大事项请示报告条例》明确指出,"保证全党服从党中央、政令畅通",要坚决做到"两个维护"。请示报告制度是党的领导体制机制的关键环节。经过百年党的建设、党的领导以民主集中制为依托贯穿于整个党的组织体系,形成了东西南北中、党政军民学"党是领导一切的"的集中统一领导。请示报告制度是确保党的领导贯穿落实的重要一环。党中央的方针、政策,决策、部署,党的各级组织,党的工作机关,党组都要贯穿落实,党的组织应当向党委负责、报告工作,有效地保证了党委统揽全局、协调各方的领导核心作用。《中国共产党重大事项请示报告条例》对请示报告制度应遵循的原则,请示报告的主体,请示报告的范围,请示报告的程序和请示报告的方式,党员、领导干部个人请示报告内容,作出了详细规定。其中党内法规和规范性文件的报备,就属于请示报告制度的重要内容。党的下级组织及时向党的上级组织请示报告党内法规制度建设情况,有助于上级党委对党内法规制度建设情况的了解和把握,及时地给予反馈意见和建议,对于推动党内法规制度建设科学化,提高党内法规制度效能,加强党的全面领导具有重要作用。

结束语

“党内法规”的概念，最初是从党的纪律角度提出，作为党的法纪的一部分，用来规范党组织和党员的行动，在党的制度建设实践中逐步规范起来的。从最初的党章、党纲的建设开始，逐步扩展到党的组织建设、党的思想建设和党的纪律建设等党的建设的各个方面，经历了一个逐步规范的过程。虽然党的领导人从中国共产党成立之初就有了党内法规建设的实践行动，但真正具有“党内法规”意识还是从抗战时期开始。抗战时期面临着严峻的革命形势和艰巨的革命任务，中国共产党从局部执政的实践中总结经验，使党内法规建设逐步走向了规范过程。虽然这一时期，党内法规建设存在诸多问题，但这并不影响其在整个党内法规建设过程中的重要地位。今天加强党内法规建设，推进党的建设制度化、规范化和程序化，必须从党内法规建设的源头上找出其理论逻辑和实践逻辑，总结其经验教训，使历史与现实相互统一。

党的政治路线决定着党内法规建设的方向。党内法规建设从来不是孤立的存在的，而是与党的政治路线密切联系着的。党的政治路线制约着党内法规建设。20 世纪 30 年代初期“左”倾教条主义在党内占据上风，在党的政治路线上坚持错误方针。此期间的党内法规建设也带有明显的“左”倾教条主义倾向，坚持革命高潮就要到来，盲目追求党员干部的工人成分，把小资产阶级排除在党的革命队伍之外,施行残酷的党内斗争和宗派主义。直到抗战初期制定正确的政治路线,党内法规建设才得以步入正轨。党内法规建设必须围绕党的政治路线来进行,以实现党的政治路线确定的目标任务。中国共产党作为工人阶级的先锋队,中国人民和中华民族的先锋队,在不同的历史阶段有不同的历史任务。现阶段的主要任务是建设社会主义现代化强国和实现中华民族的伟大复兴。当前加强党内法规建设必须围绕现阶段党的主要任务来进行。

党内法规建设与党的建设相互融合。十九大报告提出了"新时代党的建设的总要求",要求党的建设以政治建设为统领,包括党的政治建设、思想建设、组织建设、作风建设、纪律建设,同时把制度建设贯穿其中,深入开展反腐败斗争。党内法规建设作为制度建设的中坚,是隶属于党的制度建设的。由于党的各项建设工作最终体现为党组织的工作、活动和党员行为,而党内法规是规范党组织的工作、活动和党员行为的规章制度的总称。因此,党内法规建设是党的建设的题中应有之义。党内法规建设与党的建设不是平行的关系,而是相互融合的关系。党内法规建设分散于党的建设的各个方面,应当依据形势和任务的变化,加强党的某一方面的制度建设,进而将其升级到更高级的党内法规安排。党内法规建设与党的建设的关系,决定着党内法规建设的路径。主要包括两种路径:一是"自上而下"的路径,这种模式基于理性的安排,通过顶层设计和规划来推进党内法规建设。当前积极开展的党内法规制定工作五年规划纲要,通过对党内法规统筹安排,确定重点的建设方式,就是典型的"自上而下"的路径模式;二是"自下而上"的路径,这种模式主要通过实践倒逼或者总结经验教训来推进党内法规建设。一般以面临的形势和任务或针对党的建设现状中存在的某些问题为对象,制定规范党组织和党员的活动的制度,进而将这种制度上升为党内法规。总之,无论哪一种路径选择,党内法规建设都必须根植于党的建设的各个方面,而不是寻求其他的来源。

从“四个全面”战略布局中定位党内法规建设。进入21世纪,中国共产党所处的历史方位发生了深刻变化。中国共产党已经成为掌握全国政权并长期执政的党和施行对外开放与社会主义市场经济条件下领导国家建设的党。如何提高党的领导水平和执政能力,始终保持共产党人的先进性,探索新形势和新任务下执政党建设,成为当前面临的主要课题。党的建设已经跳出党的自身建设的狭小范围，开始从执政党建设角度考虑加强党的建设问题。党的十八大以来,中国特色社会主义进入新时代,我国社会的主要矛盾也发生了变化。以习近平同志为核心的党中央面对新的历史使命，制定了“四个全面”的战略布局。党内法规建设作为建设国家治理体系的重要组成部分,建设中国特色社会主义法治体系的重要内容,在全面深化改革和全面推进依法治国战略布局中发挥着重要作用。同时,党内法规建设作为全面建成小康社会、实现伟大复兴的中国梦的重要抓手和全面从严治党的题中应有之义,关系着新时代中国特色社会主义伟大事业。因此,必须从“四个全面”战略布局中加强党内法规建设。

回顾历史,总结过去以启发现在。今天,以习近平同志为核心的党中央正在加快党内法规建设的步伐。全党按照关于全面从严治党、依规治党的重大决策部署,以加快构建完善的党内法规制度体系为目标,以提升党内法规制度执行力为着力点,全力推进党内法规制度建设。

参考文献

(一)文献资料类

[1] 马克思恩格斯选集[M].北京:人民出版社,2012.

[2] 马克思恩格斯全集[M].北京:人民出版社,2009.

[3] 列宁选集[M]. 北京:人民出版社,2012.

[4] 列宁专题文集[M]. 北京:人民出版社,2009.

[5] 斯大林文集[M]. 北京:人民出版社,1985.

[6] 毛泽东选集(1—4 卷)[M]. 北京:人民出版社 1991.

[7] 毛泽东文集(1—4 卷)[M]. 北京:人民出版社,1999.

[8] 邓小平文选(第三卷)[M]. 北京:人民出版社,1993.

[9] 周恩来选集(上、下)[M]. 北京:人民出版社,2005.

[10] 周恩来年谱(1898—1949)上卷[M].北京:中央文献出版社,2007.

[11] 陈云文选编(一九二六— 一九四九)[M].北京:人民出版社,1982.

[12] 陈云文选(1—3 卷)[M].北京:人民出版社,1995.

[13] 张闻天选集[M].北京:人民出版社,1985.

[14] 张闻天文集[M].北京:中共党史出版社,2012.

[15] 王稼祥选集[M].北京:人民出版社,1989.

[16] 董必武选集[M].北京:人民出版社,1985.

[17] 任弼时选集[M].北京:人民出版社,1987.

[18] 林伯渠文集[M].北京:华艺出版社,1996.

[19] 中共中央文件选集（第1、2、3、4、5、6、7、8、9、10、11、12、13、14、15册)[M].北京:中共中央党校出版社,1989.

[20] 中国共产党组织史资料(第1、2、3册)[M].北京:中共党史出版社,2000.

(二)中文著作

[1] 蔡长水、叶梧西.中国共产党的建设道路[M].天津:天津人民出版社,1991.

[2] 陈登才、张文正和卢先福.党的领导和党的建设[M]. 北京:中共中央党校出版社,1997.

[3] 陈凤楼.中国共产党干部工作史纲[M].北京:党建读物出版社,2012.

[4] 程中原.张闻天传[M].北京:当代中国出版社,2006.

[5] 高新民、张希贤.中国共产党建设史[M].北京:中央党校出版社,2009.

[6] 李军.中国共产党党内法规研究[M].天津:天津人民出版社,2016.

[7] 李龙主.良法论[M].武汉:武汉大学出版社,2005.

[8] 梁剑兵、张新华.软法的一般原理[M].北京:法律出版社,2012.

[9] 罗豪才、宋功德.软法亦法:公共治理呼唤软法之治[M].北京:法律出版社.

[10] 潘祥超主编.党的建设史[M].北京:中央文献出版社,2015.

[11] 宋功德.党规之治 [M].北京:法律出版社,2015.

[12] 宋晓明主编.中国党建史[M].北京:党建读物出版社,1996.

[13] 王光华.中国共产党法规与制度建设研究[M].成都:电子科技大学出版社,2005.

[14] 王炎.党内思想政治教育制度建设的历史进程与经验研究[M].北京:中央编译出版社,2016.

[15] 王振民、施新州.中国共产党党内法规研究[M].北京:人民出版社,2016.

[16] 夏赞忠.党内民主法规制度研究[M].北京:中国方正出版社,2009.

[17] 徐则浩.王稼祥传[M].北京:当代中国出版社,2006.

[18] 殷啸虎.中国共产党党内法规通论[M].北京:北京大学出版,2016.

[19] 张文显.法理学[M].北京:高等教育出版社,2007.

[20] 赵生晖等.党的建设教程[M].北京:人民出版社,1995.

[21] 赵生晖.中国共产党组织史纲要[M].合肥:安徽人民出版,1987.

[22] 中共中央党校.执政党建设若干问题研究[M].北京:中共中央党校出版社,2004.

(三)论文

[1] 蔡文华.增强制度执行力:依规治党的实现路径[J].中国特色社会主义研究,2018(04).

[2] 操申斌."党内法规"概念证成与辨析[J].当代世界与社会主义,2008(3).

[3] 操申斌.改革开放以来中国共产党党内法规建设的历史考察[J].安徽史学,2009(06).

[4] 陈光.党内法规在社区治理中的作用研究[J].中共浙江省委党校学报,2017,33(03).

[5] 陈柳裕.党内法规:内涵、外延及与法律之关系[J].浙江学刊,2017

(1).

[6] 陈柳裕.党内法规:内涵、外延及与法律之关系——学习贯彻党的十八届六中全会精神的思考[J].浙江学刊,2017(01).

[7] 丁以升.中国五十年代法律思潮研究(下)——法文化视角的剖析与思考[J].法学,1998(12).

[8]董业东.党内法规与国家法律的衔接协调[J].中共山西省委党校学报,2015,38(01).

[9] 郭玮.党的十八大以来加强党内法规制度建设的基本经验[J].江苏省社会主义学院学报,2017(05).

[10] 韩强. 关于党内法规的几个基本问题[J]. 中共杭州市委党校学报,2016,(02).

[11] 韩强.十八大以来党内法规制度建设的做法、成效与经验[J].中国井冈山干部学院学报,2017,10(05).

[12] 何益忠.全面抗战时期党内法规建设的历史经验与现实启示[J].理论学刊,2017(03).

[13] 侯嘉斌.改革开放以来党内法规建设思路与经验[J].人民法治,2017(02).

[14] 胡业勋、陈敦坤.中国共产党章程实施与评估研究[J].中共四川省委党校学报,2018(02).

[15] 姜明安.论中国共产党党内法规的性质与作用[J].北京大学学报(哲学社会科学版),2012(3).

[16] 李树忠.党内法规与国家法律关系的再阐释[J].中国法律评论,2017(2).

[17] 刘长秋.关于党内法规的几个重要理论问题[J].理论学刊,2016(5).

[18] 刘德敏.中国共产党党内法规初探[J].中共天津市委党校学报，2007(1).

[19] 潘泽林.中国共产党党内法规及体系建构问题研究[J].南昌大学学报,2007(1).

[20] 庞宇凡.党内法规与国家法关系研究[J].法制与社会,2016(08).

[21] 强舸、陈静茜.党内法规建设需进一步完善退出机制[J].中国党政干部论坛,2015(1).

[22] 屠凯.党内法规的二重属性:法律与政策[J].中共浙江省委党校学报,2015,31(05).

[23] 王阿盈.试论党内法规的属性[J].乌鲁木齐职业大学学报,2012,21(04).

[24] 王振民.党内法规制度体系建设的基本理论问题[J].中国高校社会科学,2013(2).

[25] 肖新喜、杨炳超.刍论党内法规的基本属性[J].理论导刊,2017(05).

[26] 许小莲."党内法规"法律地位之考证[J],求实,2010(7).

[27] 姚岳绒.论党章与宪法的关系[J].河北法学,2012,30(02).

[28] 伊士国.党内法规实施后评估的制度化[J].人民法治,2018(Z1).

[29] 詹全友、李资源.延安时期党风廉政法制建设的当代价值[J].社会主义研究,2011(03).

[30] 张立伟. 法治视野下党内法规与国家法的协调[J].中共中央党校学报,2011(3).

[31] 张明之.中华苏维埃共和国立法工作浅议[J].党的文献,1998(3).

[32] 张炜达、张腾.延安时期党内法规制度建设及其历史经验[J].西北大学学报(哲学社会科学版),2017,47(05).

[33] 甄小英.首部“党内立法法”推进执政党制度建设[J].前线,2013(7).

[34] 周叶中.关于中国共产党党内法规建设的思考[J].法学论坛,2011,26(04).